アテンション・プリーズ！

賢い子を育てる「耳ことば」

外山滋比古
お茶の水女子大学名誉教授

Art Days

アテンション・プリーズ！

――賢い子を育てる「耳ことば」――

もくじ

3章 賢い耳

装丁／山本ミノ

1章

耳からのことば

頭のよさは育ちから

「あの子は生まれつき頭がいい」

「芸術的才能は生まれつきのものでしょう」

「器用に生まれついています」

こういう言い方をよく耳にします。別に深く考えているわけではありませんが、人間の素質、才能や能力は生まれつきの、先天的なものであるということを認めているのです。

実は、それが、そうではないのです。

人間の能力は先天的、遺伝的に決定されているのではありません。すくなくとも、そのかなり大きな部分は、生まれてから後の環境、教育によってこどものものになるのです。

早い話、同じ両親から生まれた、きょうだいの間に、かなり大きな能力の差が見られることは珍しくありません。先天的なものだけだったら、そんな違いは出ないはずです。

親のもっているのをはるかに凌駕する能力をもつ子が育つのも、後天的要素がいかに大きいかを物語っています。

もちろん、天分、先天的素質も大切ですけれども、後天的な育成はそれよりいっそう大切です。かりに、先天的素質においていくらか欠けるところがあっても、しっかりした後天的育成によって、それをとりかえすことは充分できるというわけです。こういう考えは、なにも、きのう今日のことではありません。

「氏《うじ》より育ち」というよく知られたことわざがあります。今から四百年前にできたといわれます。先天的素質（氏）よりも生まれてからの環境、しつけなど（育ち）の方が人間形成にとってより重要であることをとらえたのが、このことわざです。

こういうことでは洋の東西を問わないのでしょう。英語にもやはり〝Nature（自然、氏）よりNurture（育ち）〟という成句があります。

かりに天分の方が教育よりも決定的な力をもっているとしても、遺伝などに関わることを生後になってからでは、どうすることもできません。

育成ならば生まれてからどのようにもできます。だから、氏より育ちだと考えるのも現実的でしょう。生まれてからではどうにもしようのない先天的な素質をくよくよしてみてもしかたがありません。それより、後天的なものの育成に力を入れよう。こういうことわざにはそういう考えが読みとられます。

教育の効果を重視するのは、こどもを育てる人たちに勇気と希望を与えることにもなります。案ずるより生むが易し、というのに通じる楽天的で、健康な考え方です。

生まれつきはむしろ不器用な人が努力と修練によって、常人以上に器用になるどころか、天才的だといわれるようになるという例は古来すこしも珍しくありません。

逆に生まれつきは豊かな天分に恵まれているにもかかわらず、修業と努力を怠ったばかりに、蕾のまま、花ひらくこともなく消えるという痛ましい例もまたおびただしくあります。やはり生まれつきより、育ち方の方が問題なのです。

親として、わが子の養育につよい関心をいだき、せいいっぱいの力をつくすのは当然でしょう。ただ、病気をさせないようにとか、大きくするというだけでは、人間の子育てとしては不充分で、「氏より育ち」というのも、こどもの才能、能力を考えたことばです。

教育がこれほど普及した現代においても、なお、こういうことが、よく理解されないで、教育は学校がしてくれるように思っている親がすくなくないのは、どうしたことでしょう。

学校ではおそすぎます。

幼稚園でもおそいかもしれません。

もっとも基本的な教育はいちはやく家庭で行われるべきです。

聡　明
――こどもは耳でことばを記憶する――

　こどもはたいてい、頭がよいといいなぁと思っています。しかし、どうも、生まれつきによるらしいと、わかってきて、いつしか諦《あきら》めるともなく諦めます。もし、氏より育ちで、これからでも頭をよくすることができる、と知ったら、こどもたちはどんなに喜ぶことでしょう。そのためならどんなことでもするに違いありません。

　親としても、わが子の頭脳をよくできることがあるのなら、どんなことでもしようと思うでしょう。しかし、ここでも、先天説にまどわされて、いまさら、そんなこと願ってみてもしかたがないと、諦《あきら》めてしまうのが普通です。

そういうわけで、親はわが子の頭をよくすることを断念してしまいますから、そもそも、頭がいいとはどういうことかすら考えることはまれです。家庭ばかりではなく、学校の先生でも、つきつめて考えることは例外的といってよいでしょう。

一般に、頭のよさは、記憶力のよさだと思われています。実際、記憶力がよければ、学校の成績もよいです。頭脳のはたらきは記憶力と同じだと考えるのは自然です。

それでは、記憶力とはどういうものか、となりますが、これもよく考えている人はほとんどいないのではないか、と思われます。

ものを覚えるのが記憶ですが、どこで覚えるのか、などということにはまるで関心がありません。ただ、もの覚えがよいのは記憶力がよいからだとして、それから先は不問に付してしまうのです。

記憶力は頭の中ではたらいているように思うのが普通ですが、その入口があります。はじめから直接、脳の中に記憶ができるわけではありません。

人間は五感をもって生まれます。視覚、聴覚、触覚、嗅覚、味覚です。それぞれ目、耳、皮膚、鼻、舌によって知覚します。そして、それぞれが脳に刺戟を送ります。頭はそれをうけて記憶するのです。

目には目の記憶があり、耳にはそれとは違う聴覚の記憶があります。嗅覚も記憶をもっていますが、人間は立って歩くようになって、訓練が不足するせいか、犬のもつ嗅覚記憶に比べるとお恥ずかしいくらい貧弱です。犬はこの点だけでは人間よりも頭がよいことになるでしょう。こどものときにうまいと思って食べたものの味の記憶は〝おふくろの味〟として、終生、忘れることがありません。グルメは多く味の記憶のするどい人です。

近代は、知識が大事です。もの覚えがよいというのは、知識の記憶のことで、学校などももっぱら知識を詰め込もうとします。知識は、ことばによって表わされますから、ことばの記憶が、ほかの記憶より高い価値をもつようになるのは不思議ではありません。

学校で頭がよいと認められるのは、ことばの記憶のよいこどもです。いくら嗅覚がよくても、味覚がすぐれていても、頭がいいとはいいません。

ことばは視覚と聴覚にかかわりがあります。文字を読んで、書いて覚えるのは目の知覚、記憶によります。それに対して、きいて知るのは聴覚の記憶によります。

ここで大きな問題にぶつかります。世間一般に目の記憶を耳の記憶より優先させていることです。

目の理解力のすぐれている人の方が、耳の記憶のよい人よりも頭がよいように考えるのです。

ここ百五十年間にわたって行われてきた現在の学校教育は、視覚的記憶優先の考えにもとづいてすすめられてきました。目の記憶のよい人が、記憶のよい人で、したがって頭がよい、ときめてしまっているかのようであります。

それは近代教育の誤解だったのではないかと思われます。目の記憶のよい人はそれで得をしたでしょうが、耳の記憶は無視されて泣いていましたし、いまも泣いています。つまり、耳のよい頭のよい人はすぐれた頭脳をもちながら、正当に評価されないできたということです。

実は、聴覚（耳）の方が視覚（目）よりも大切である、というのが、この本の立場です。すくなくとも、発生的に見れば、耳の記憶の方が目の記憶に先行する、ということを、これまでの人は見落としてきたように思われます。

理解力、判断力のすぐれていること、賢いことを聡明といいます。この文字は、耳がよくきこえ、目がよく見える、の意味ですが、「聡」には耳へんがついているのでもわかるように、「明」の目より耳が先です。

大人にとってそうであるばかりではありません。生まれてまず、磨かれるのは耳の知覚、記憶です。このことを忘れた近代の教育はきわめて多くの耳の秀才、優秀者を闇に葬ってきたことになり、責任は重大です。

いまこそ、その迷妄《めいもう》から脱出しなくてはならない時になっているといっても過言ではないと思います。

耳のことばによる耳の知能「聡」の方が目の知能「明」に先行するのは、こどもが、ことばを覚えるときの順序です。

こどもはまず、耳でことばを知り、覚え、記憶します。そして話すことができるようになってから、はじめて目のことばである文字を習い、覚えるようになります。

つまり、耳のことばの方が、よりいっそう基本的だということになります。昔、ギリシャの人たちは、文字は声の影である、と考えていました。聡明ということばを見ても、それは正しいと思われます。

声
―はじめのことば―

赤ちゃんはみな未熟児で生まれてきます。ほかの動物のように生まれてすぐ歩いたりすることはできません。それは生まれてから当分の間、手厚い養育を受けられることが予定されていて、未熟児で生まれても、大丈夫、育つことができるからです。未熟児ですから、生まれてしばらくは、なにもできません。目もよく見えていないようですし、手足も自由に動かすことができません。たった、二つできることがあります。

おっぱいをのむこと。

耳がきこえること。

おっぱいがのめなくては、死んでしまいます。そのおっぱいだけで、体はどんどん成長していきます。しかし、それだけでは知能、頭を発達させることはできません。

おっぱいと同じくらい大切なものをお母さんからもらわなくてはなりません。ことばです。私は、これを「母乳語」と呼んでいます。これを与えられなければ、ホモ・サピエンス（知能人間）になることができません。母乳に劣らず大切なことばです。

未熟児で生まれてくる赤ちゃんに、文字など教えられるわけがありません。赤ちゃんの目はまだ焦点もよく定まっていないといわれます。

その代り、耳はたいへんよく発達して、生まれてきます。それどころか、まだお母さんの胎内にいるとき、すでに、お母さんの見ているテレビの音に反応しているといわれるほどです。

赤ちゃんにとって最初のことばはもちろん、声です。

お母さんの声がこどもにとってもっともありがたい心のおっぱいです。お母さんは、そのために、ことば、話すことばの能力がお父さんよりすぐれているのが普通です。

女性ホルモン、エストロゲンが、女性のことばの能力を高めているのだといわれます。

古今、洋の東西を問わず、女性が多弁であるのも、このためで、こどもに母乳語を与える人が、口数がすくなくては話になりません。

男女平等で、子育ても夫婦で分担するというのが、新しい家庭のように考える人たちがあらわれましたが、生まれてくるこどもにとっては脅威でしょう。

どうせ、ことばを教えてもらうのなら、豊かなことばをもったお母さんからにしてほしい。もし赤ちゃんに考える力があり、それをいうことができれば、そう思うに違いありません。

自分の国のことばを母国語というのは、母国のことばというのではなく、母のことばというわけです。そのことは英語のマザー・タング（母の話しことば）ということばに、いっそうはっきりあらわれています。

お母さんとしても、赤ちゃんに話しかけることで、母性が高まるといいます。はじめてのお産で、赤ちゃんに話しかけていると母乳の出がよくなることがすくなくないといわれます。

〝はじめにことばありき〟という聖書の文句はたいへんよく知られていますが、赤ちゃんの一生にとっても、はじめに、ことばありき、です。そしてそのことばはお母さんのことばです。そして、それはもちろん話すことばということになります。

こどもにとって、〝はじめのことば〟は〝母の声〟です。

ワンワン・おてて
――赤ちゃんことばが大事――

若いお母さんが、こんなことをいいます。

「赤ちゃんに話しかけなくてはいけない、といわれますけど、返事もしないのに、話しかけてどうするんですか。ひとりごといっているみたいでしょ、そんなの、わたしいやです」

返事もできないからこそ、話してやらなくてはいけません。何も知らずに生まれてくる赤ちゃんに、どうして、はじめから口がきけるでしょう。

さきのお母さんは大学で言語学の講義をきいたことがあるそうですが、大人の言語学は赤ちゃんのことばは問題にしないのでしょう。お母さんの役には立ちません。ろくに口もきいてくれないお母さんは、どんなに賢いかしれませんが、こどもはそういうお母さんからは、ことばの母乳をうけられないで、かわいそうです。

これは別のインテリの若いお母さんですが、

「わたし、ワンワンだとか、ニャアニャアといった赤ちゃんことばを、こどもに使わせたくありません。どうせ、学校へ行けば、イヌ、ネコになるんですもの。はじめから、イヌちゃん、ネコちゃんでいきます。その方がこどものためにもいいと思います」

きょうだいもすくなく、核家族で育ち、核家族をつくって母親になった人には、赤ちゃんことばというもののあることさえわからないでしょう。

無理もないことです。世の中の人は、それを不思議とも思いませんから、いつとはなしに、赤ちゃんことばは影がうすくなってしまいました。

それでは、0（ゼロ）からことばを覚えようとする赤ちゃん、こどもがかわいそうです。はじめのことばのお手本が覚えにくいものになってしまいます。

赤ちゃんに話しかける赤ちゃんことばは大人同士で使っていることばと、すこし違っています。どういう特色があるか、といいますと、

(1)　ゆっくり話す

(2)　声を高目にする

(3)　声に抑揚をつける

(4)　くりかえす

アメリカでも、以前から、赤ちゃんことばが注目されて、マザーリーズと呼ばれています。右にあげたのと同じような話し方をするのです。

赤ちゃんことばで、とくに大切なのは、「くりかえす」ことです。ことばを覚えるのは一にも、二にもくりかえしです。一度きいただけでは、幼いこどもには、しっかりききとることができません。くりかえされてはじめて、ことばが、ほかの物音などとは違うことがはっきりするようになります。

ワンだけではうまくありません。ワンワンとくりかえします。ニャアではおちつきません。ニャアニャアです。

「手」のように、一音節のことばは、なれない耳にはききとりにくいですから、おをつけておててとします。目も同じで、おめめになります。こういう工夫を昔の人はだまってしておいてくれていたのです。

イヌ　テー

というより、

ワンワン　おてて

の方が、幼いこどもにとって、どれほど耳にやさしくひびくか知れません。どんなに真似もしやすく、覚えやすいか、わかりません。

赤ちゃんことばをバカにしてはいけません。

かならずリピート

大人同士で、話していて、よく、

「すみませんが、なんとおっしゃいました?」

とか、

「もう一度おっしゃっていただけませんでしょうか」

あるいは、

「ええ? なんですか」

などということを口にします。ききかえすときのきまった文句は日本語にはないようですから、さきのようにいろいろな言い方をしています。英語ではきまった言い方があります。

「おそれ入りますが……」(I beg your pardon)

「なんとおっしゃいましたか」(What)

のふた通りです。とにかく、相手のいうことが、ききとれないことはどこでも、よくあるものです。

一度きいてもわからなかったことも、もう一度いってもらえれば、たいていわかるのです。それでこういう文句が使われるのです。

ことばを覚えかけの幼い子ですと、よくききとれないことがあっても、

「もう一度おっしゃっていただけませんか」

などということができません。大人が気をきかせて、はじめから二度いうようにするのがやさしさです。

正月、宮中の歌会はじめがあります。入選歌がよみ上げられるのですが、そのよみ方が独特です。

まず、節をつけます。ノッペラ棒ではありません。

そして、たいへんゆっくりした調子です。

もっともおもしろいのは、同じ歌が二度よみ上げられることです。いずれも昔から伝わった作法にのっとったことですが、こどもにはじめのことばをきかせるのも、この伝でいけばよいのです。

一度だけではよくわからない。二度きけばたいていわかる。耳のことばはそういうものらしい。

「オッパイ　アゲマショウネ」

だけでは足りません。もう一度、

「オッパイ　アゲマショウネ」

といいます。おまけに、さらに一度、

「オッパイ　アゲマショウネ」

といってもいいでしょう。

食事のときにうるさくしたら、

「だまって　しずかに　たべましょうね」

「だまって　しずかに　たべましょうね」

と、ゆっくり、くりかえし、いってきかせます。

「しずかに　しなさい！」

などと叱るのは感心しません。やさしく、できれば笑顔でいいきかせるようにします。

「とび出しちゃ　あぶない！」

というようなのは、ゆっくり、くりかえしてはいられないでしょうが、それでも、早口はいけません。あとで、とび出しが、どうしてあぶないか、をじっくり話してやるのが、よいことばのしつけになります。


わらべうた、童謡も、一度だけでは覚えられません。何度もくりかえしうたっているると、自然に忘れられなくなります。唱歌などはたいてい一番、二番、三番と、多少、文句の違った歌詞がありますが、幼いこどもにとって二番以下は不要です。むりに覚えたりすることはないでしょう。その代り一番をなるべく回数多くうたうようにしたいものです。

ことばが身につくのは、一にも二にも、くりかえしです。それがないと、ことばは心の声になりません。大人は、同じことを二度、三度とくりかえすと、うるさい、と感じますが、これも、ひとつには、幼いときに、ことばのくりかえしをしっかりしつけられなかったためです。

大人はくりかえしを、退屈だと思います。あきるといいます。こどもは、そんなことはありません。むしろ、何度も同じことをききたがるようになっています。ことばを覚えるには、なくてはならない能力です。

モモ太郎の話をするとします。

一度だけでは、はじめてのこどもにとって、なんのことかわかりません。翌日、また同じモモ太郎を話します。それでも、やはりよくわかりません。毎晩のように、くりかえして、十ぺん、十五へんと話していますと、ようやく、ことばと話を覚えるようになります。意味はわからぬまま、話そのものを記憶し、自分でいえるようになるのです。これは一生忘れることがありません。

大人は、そんなにくりかえしては、いやになるといいますが、こどもはあきたりしません。むずかしい話を頭に入れるには反復がどうしても必要です。

毎晩話してやる、といいましたが、すこし長い話をするのには、余計なものが目に入らない、耳に集中できる暗いところが適しています。昔の人が、こどもを寝かせるとき、寝物語りにおとぎ話などをしたというのは理にかなったことでした。

急がず、ゆっくり

幼稚園のこどもがさけびます。

「オチコチタ」

おしっこをもらしたのかと思いますが、そうではありません。

「オシッコシタイ」

がはっきりいえないのです。

お母さんが早口にしゃべってきかせているから、こういうことになります。こども
はたいへんいい生徒で、先生の教えることはなんでもそのとおり覚えます。先生であ

るお母さんが変なしゃべり方をすれば、そっくりそれが子に移ります。こわいほどです。

若いお母さんは昔に比べると、おどろくほど速くしゃべっています。しかし、それを自覚していることはまれです。みんなが早口だからです。

大人同士なら、別にどうということもありませんが、生まれて間もない子にお手本のことばとして話すとなると、早口は、はっきりいって望ましくありません。

だいたい、はじめてのことばをきくと、実際以上に速く感じるものです。英語などをきいてもそうです。普通のスピードで話しているのに、初心者にはたいへん速く感じられます。よくききとれないのです。

はじめてことばをきく幼な子も、同じです。大人が思っている以上にことばを速く感じているに違いありません。いまのお母さんのように、速くしゃべったのでは、よくききとれないでしょう。

さきにお話ししました、赤ちゃんことばでも、〝ゆっくり話す〟ということがとくに強調されていますが、それはことばを覚えるこどもの側からの注文です。

早口ですと、どうしても、ことばのこまかいところが崩れがちになります。すくなくとも、よくききとれないことばになります。それでは、不正確なことばになります。つとめて、ゆっくり、はっきり話すようにしなければいけません。

そんなことをいわれても、ずっと早口できたのですから、お母さんになったからといって、急に、ゆっくり、はっきり、といわれても困るでしょう。

しかし、こどもの先ざきのことを思えば、困ったなどとはいっていられないはずです。つとめて、ゆっくり話すようにします。

昔の人は、それで、おとぎ話などをこどもに話しました。お話は、いくらか改まっていますから、普通よりゆっくり、ていねいに、はっきり話すことになります。きくこどもにしてみれば、たいへんありがたいことです。

おとぎ話や童話をきけるようになるまでが問題です。どうしても、早口になります。だからこそ、ゆっくり、ゆっくり話すように努力します。これが、こどもの頭をよくするのだと考えれば、できないことはないでしょう。多くは、そういうことも知らずに、早口で叫んでいることが多いのです。

もうひとつ大切なことがあります。話すときは、赤ちゃん、こどもの顔、こどもの目を見て話すようにしましょう。間違ってもテレビを見ながらこどもと話したりしてはいけません。赤ちゃんもお母さんの顔、お母さんの目を見て、お母さんのことばをきくようになります。

調子よく

耳にきかせることばは調子がよくないといけません。赤ちゃんことばは耳にきかせる声ですから、できれば、リズムがあった方がこどもの心にとどきやすいでしょう。

よちよち歩きを始めた子に、

〝しっかり歩いて！〟

などと、号令のようなことはいわないで、

〝あんよは上手

ころばぬように〟

と、うたうようにすれば、歩く調子もつくでしょう。

子守うたは、こどもが耳にする最初の音楽的リズムでしょう。昔から、日本だけではなくどこの国でも、こどもを寝かしつけるのに子守うたをきかせてきました。

子守うたは地方によって、歌詞が違いますが、お母さんがきいて育ったうたがきかせられれば、こどもにとってそんな幸福なことはないでしょう。

ねんねんころりよ　おころりよ
坊やはよい子だ　ねんねしな
坊やのお守はどこへ行《い》た
あの山越えて里へ行た

女の子なら、〝坊や〟を〝あなた〟とするなど適当な改変が必要ですが、歌ですから、都会でも「あの山越えて里へ行た」でかまわないでしょう。現代風な子守うたを、というのでしたら、「シューベルトの子守歌」がわが国でもよく知られています。

眠れ眠れ　母の胸に
眠れ眠れ　母の手に

こころよき　うたごえに
結ばずや　たのし夢

というのです。〝結ばずや〟などといった文語調は、みどり子に、いいかしら、と心配する人があるかもしれませんが、歌ではそんなことは問題になりません。リズムこそ大切です。

すこし大きくなったら、わらべうたです。これはこどものうたうものですが、お母さんもいっしょになってうたいます。ことにはじめはお母さんが、お手本をきかせてやらなくてはいけません。

どんな歌でもよろしいですが、わらべうたにはテンポのおそいものが多いようですから、軽快なリズムのものがいいでしょう。

ずい　ずい　ずっころばし
ごまみそずい
茶つぼに追われて　トッピンシャン
ぬけたら　ドンドコショ

たわらのねずみが　米食って　チュウ
チュウ　チュウ　チュウ
おとっさんが　呼んでも
おっかさんが　呼んでも
行きっこ　なァしよ

意味はよくわかりませんが、そんなことはどうでもよいのです。ことばをリズムにのせてうたうのに価値があります。

やはり、テンポのはやい、わらべうたに「あんたがたどこさ」があります。

あんたがたどこさ　肥後《ひご》さ
肥後どこさ　熊本さ
熊本どこさ　せんばさ
せんば山には　狸《たぬき》がおってさ
それを猟師《りょうし》が　鉄砲で撃《う》ってさ
煮てさ　焼いてさ　食ってさ

それを木の葉で　ちょいとかぶせ

戦前の女の子は、マリつきをしながら、このうたをうたい、「ちょいとかぶせ」というところで、ついていたマリを着物の袖やスカートの下へかくしたものです。いまは、そういう遊びも見られませんので、歩きながら、マーチのようにうたったらおもしろいでしょう。

すこし大きくなったら、知識にからんだうたがよいでしょう。たとえば、「あいうえお早よう」

あいうえお早よう　おかあさま
かきくけこんにちは　どこへ行く
さしすせそこまで　お使いに
たちつて友達　呼んでくる
なにぬね野原で　遊びましょう
はひふへほんとに　おもしろい
まみむめもうよい　帰りましょう

らりるれ炉《ろ》ばたで　夕《ゆう》ごはん
わゐうゑお父さん　御休《おんやす》み
うんのよい夢　見て寝ましょう

これは各行の頭の五音が、あいうえお五十音になっているのがミソです。大人になっても五十音の後半がわからない人がすくなくありませんが、こういう、わらべうたをきいて育てば、一生、役に立つでしょう。

幼い子に文字を教えたがる親がふえていますが、耳から、ことばを教える方が、どれほど効果的かしれません。

2章

聴く力

絶対語感

人間はめいめい、ことばの個性をもって生きています。それは、文字や本によってつくり上げられるものではなく、生まれてからの数十ヵ月の間に、まわりの大人のことば、とりわけ、赤ちゃんことば、お母さんのことばによって、知らず知らずのうちにこどもの頭にでき上がるものです。これを、「絶対語感」と呼ぶことにします。

絶対語感というと、たいてい絶対音感を思いうかべるでしょう。しかし、このふたつは大きく異なります。

ピアノの練習をするときに教えられる絶対音感は音をしっかりとらえる感覚ですすか

ら、人によって変わることがありません。日本の絶対音感もイギリス、ドイツのそれとまったく同じです。

ところが、絶対語感の方は、日本語と英語、ドイツ語ではまるで違っています。それどころか、同じ日本人でも、ひとりひとり異なっていて、個性的です。頭のいい子の絶対語感は、そうでない子のより、すぐれているように思われますが、はっきりしたことはわかりません。

どうして、絶対語感ができるのでしょうか。

もちろん、生まれながら、絶対語感をもっている子はひとりとしてありません。「氏より育ち」の育ち、つまり、教育によってつくり上げられます。いうまでもなく一朝、一夕にできたりすることはありません。

ことばをまったく知らないで生まれた赤ちゃんが、ことばをきいて大きくなります。同じようなことばを毎日、くりかえしきいていると、ことばに慣れができます。それがことばの慣用です。慣用ができたことばの意味は、だれから教えられなくても、わかるものです。これは外国語の勉強のように、辞書をひいて意味を知るのとはまったく違います。

慣用はやがて習慣になります。そうなると、とくに考えることもなく、ことばを使うことができるようになるのですが、その習慣が、とりもなおさず、絶対語感です。昔から「習い性となる」といいます。絶対語感は〃習い〃ですから、ことばだけでなく性、つまり心をはぐくむことになります。はじめにことばありき、のことばもこの絶対語感のことだと考えてよいでしょう。

赤ちゃんことばを話してやることで絶対語感というこどもの心にたいへん近いものをはぐくむことになっているのです。お母さんのことばがどんなに大切なものかが、わかります。

絶対語感は、主として、耳の感覚です。小学校へ入ってからでも、多少、それを変えることはできますが、文字を知らないうちの耳のことばを中心に結晶してできるのがこの感覚です。

その点では、絶対音感に通じるところがあるといってよいでしょう。ただ、音感では、習い（習慣）が性（心）になる度合が、ことばに比べるとずっと小さいように考えられます。

絶対語感は耳のはたらきによってつくられます。よい耳ほどよい語感になるでしょう。そして、よい絶対語感は豊かな心を育てる可能性がたいへん大きいように思われます。

また、絶対語感がしっかりしている子は、それだけよくことばをきき分けることができます。耳のはたらきは、頭脳のはたらきをよくするのに役立ちます。よい耳を育てるのがきわめて大切なわけです。

いいかげんなきき方をしている子は、絶対語感のできるのがおくれたり、不充分だったりします。

こどもの後天的能力のもっとも重要なものは耳のはたらきによってつくり上げられるらしい、ということがわかります。〝らしい〟というのは、頭の中はブラックボックスで、くわしいはたらきがわかっていないからです。

頭のよい子はいい絶対語感を内蔵しているといいましたが、それは、とりもなおさずよい耳をもっているということです。小学校から以後の教育は、よい耳を育てるのにほんのわずかのことしかできません。それで生後六十ヵ月の耳のことばのしつけ、教育を考えなかったこれまでの人々には、頭のよさ、つまり、耳のよさは先天的であるように勘違いされたのも無理はありません。

家庭の子育ては、学校ではできない、よい耳の育成をやりとげているのです。一般には、そのことが、よくわかっていませんが、これからの子育てはそれをしっかり見すえてかからなくてはなりません。

きき分けのないこどもは自覚はしていませんが、それを願っているはずです。

耳をよくすることで、頭のよい子が育てられることを、家庭教育は実証することができます。

きき分け
―「母乳語」で育てるいい耳―

ここまでお話ししてきましたように、お母さんが、こどもに向って、ゆっくり、調子をつけ、くりかえしくりかえし話しかけていますと、こどもは、それによって、耳を発達させていきます。そして賢くなります。

生まれるとき、すでに、よくきこえている耳ですが、はじめのうちは、声やもの音をただきこえてくるままに聞いているにすぎません。これはきこえるということで、英語のヒア（hear）に当ります。

それがお母さんの母乳語をきいているうちに、だんだん、よく聴くことができるようになっていきます。英語のリッスンに当るきき分けができるようになっていきます。赤ちゃんはほかのもの音などとは違いお母さんの声にとくに注意して聴きます。耳は、赤ちゃんことば、母乳語、マザーリーズを心をこめて聞くことによって、どんどん成長するのです。耳が賢くなります。

耳が賢くなる――そんなこと、きいたことがないという方がすくなくないでしょうが、いい加減なことをいっているのではありません。

実際、耳がたいへんな発達をして、信じられないようなことを、いつのまにか、本人もまわりも気づかないうちに、しているのです。人間、ホモ・サピエンス（知能人間）にのみ見られる奇蹟に近いことが、ほんの短い期間におこっているのです。

それが、どのようにしておこるのか、いまの学問では、なお、よくわかっていませんが、その結果は、ほとんどすべてのこどもにあらわれています。ただ、それが、はっきり外から見られることがないために、わかりにくいのにすぎません。したがって、いまなお、こどもは自然にことばを覚える、といった誤った考えが生きつづけているのです。

自然に覚えられることばはありません。教えて、それをきく耳があって、相当な期間〝勉強〟して、こどもはことばを習得、獲得するのです。

ことばを覚えるのは、何よりまず耳によります。ことばを覚えるにしたがって、耳はよくなります。賢くなり、よくきき分けることができるようになります。ことばで耳のきき分けをよくし、よくなった耳で、さらに新しいことばを身につけます。

ことばによって賢くなった耳がどういうはたらきをするのか、よくわかっていませんが、わかっていることだけでも、大したものです。

生後三十ヵ月くらいすると、耳は、それまできいてきたことばをもとに、ことばの法則をつくります。いわば、文法です。

お母さんの話すことばは決して組織立ってはいません。だいたい、行き当りばったりのことばですが、こどもの耳は、それをきき分け、整理して、法則化するのです。大人にだって出来そうもないことが、まだきき分けのないこどもが、たいして苦労もしないで、それをやってのけるのですから、おどろきます。

雑然とした、かなり混乱したことばをきいていて、こどもの耳、こどもの頭は、これを組織立て、法則化して、ひとりひとりの〝文法〟をつくり上げます。それがほとんど無意識のうちに行われるというのも不思議で、神秘的といってもよいくらいです。

たとえば、方言のルールもこの期間のこどもの耳のはたらきによって身につくもので、いったん覚えた方言は、まず一生、消えることがありません。共通語を使っていても、なにかのおりに、ふっと出てきたりする方言は、心の深層に根をもっていますが、主として耳のはたらきであります。

「ボクは幼稚園へ行きます」

はいいが、

「ボクに幼稚園は行きます」

とか、

「ボクへ幼稚園は行きます」

はダメであることを、そのかくれた文法が教えます。どうして、そういう文法ができるのか、くりかえしになりますが、不思議というほかはありません。そして、この文法をもっていることを、当人はまったく知りません。大人になってもはっきり自覚することは例外的です。

この心の中の文法がすばらしいのは、きき覚えたことばを組織化したというだけのものではありません。ただの記憶でつくられたものとは違います。きいたことのないことば、いいまわしも、この文法によってできるようになるのですから、いよいよおどろくほかありません。

幼い子は、母のことばをきいているうちにだんだんきき分けることができるようになっていき、それが〝文法〟をこしらえるというわけです。おそるべき、耳の力です。

そういう耳を育てるのも、母のことばです。できるだけ、よいことばにしたいではありませんか。これだけ教育の進んだ現代において、なお、このことがほとんど知られていないのは、どうしたことでしょう。

超人的記憶力を持つ人

Nさんは、などという言い方はしたくないのですが、ひょっとしてご迷惑になるといけないので、こう呼んでおきます。Nさんはたいへんな秀才でした。

昔、飛び級という制度のあったころですが、Nさんは六年の小学校を五年修了で、県立中学校へ入り、五年のところを四年修了で、天下の最難関、第一高学校に合格しました。十六歳です。珍しいというので、一高の事務の人が、教室のNさんをのぞきにきたというエピソードもあります。

とにかくすばらしい記憶力の持ち主でした。すでに大学教授になっていたNさんの

ところへ、ある日、未知の人が訪ねてきました。はじめてお目にかかります、という来訪者の声をきいて、

「いや、失礼ながら、はじめてではないでしょう。お声に覚えがあります」

といってN博士はしばらく記憶をよみがえらせようとし、やがて、

「そうそう、あなたは、二十五年前に、渋谷の〇〇喫茶店で、だれかと口論したことがあるでしょう。私はそれを、脇で見ていました。きいていました。間違いありません」

来訪者は、そういわれても、なお、思い出せなかったそうですが、さらにNさんからそのときの様子をくわしく話されて、自分に違いないことを納得したといいます。

本人の忘れていた、しかも、傍観者として近くに居合わせただけで、二十五年も忘れずにいるのですからおどろきます。

学生が訪ねてくると、N先生は、ものの呼び方などをききました。「きみの郷里では、なんといいますか」ときくのです。

鮭のことをサケと呼ぶのは、どこどこの地方、シャケというところは、どこどこ、

といったことを、立ちどころにいうことができるようになっていました。

一度きいたら、忘れない。地獄耳だと学生たちがひそかに舌をまいていたということですが、なにより耳がよかったのです。

それで記憶力もすぐれていたのでしょう。学校の勉強は記憶で勝負がつくのですから、すぐれた耳の記憶力をもっていたNさんが稀代の秀才になったのは不思議ではありません。

幼いときに、どういう耳のことばのしつけを受けたのか、わかりませんし、お母さんがどういう育て方をされたのかも不明ですが、よい絶対語感をつくられたのだろうと想像されます。

記憶力というと、一般に、文字で書いたことを覚えることのように考えますが、そうではなくて、耳できいたことを忘れないで覚えているのも記憶です。

文字のことばを覚えているのも、もちろん記憶ですが、そういう目の記憶は耳の記憶ほどには強くはありません。

年をとると、ことばを忘れます。

すっかり忘れるのなら別ですが、半分だけ忘れることが多いのです。音の方はしっかり覚えているのに、文字が出てこないのです。文字は覚えているのに、読み方がわからなくなっている、ということもないではありませんが、これはすくない。

ヒンシュクというのを耳のことばとしてはちゃんと覚えているのに、目のことばである「顰蹙《ひんしゅく》」という文字はすっかり忘れています。人口にカイシャすると書きたくても、目のことばの文字の「膾炙《かいしゃ》」がどうしても出てこないという人がすくなくありません。そういう人のために国語辞書があるのです。字引きとはつまり、目のことばを引くものです。耳のことばを知らなくては、字引きは使いものになりません。

これはある学生の話です。

この人は盲人ですが、大学で数学を専攻していました。

あるとき、この学生が歩いていると、向うから、二年前、一般教養の時間に英語を習った先生がやってきました。もちろん目に見えるわけはありませんが、わかったのです。

「△△先生、こんにちは、おかわりありませんか」

そういわれて、△△先生は目を白黒させたそうです。

「どうしてボクとわかりますか」

とききました。学生が、

「それは、先生の歩く足おとを覚えていますから……」

と笑ったといいます。

この学生はとくに耳が鋭かったのかもしれませんが、大体において目の不自由な人は目の記憶を失っているだけ、耳の記憶がつよくなっているようです。

そのきわめつけが、塙保己一《はなわほきいち》という大学者でしょう。江戸後期の人です。幼いときに病いのため失明しましたが、めげずに学問を修めました。そして和漢の学に精通するようになり、前人未踏の大出版を完成させました。『群書類従』です。正編五三〇巻六六七冊、続編一一五〇巻一一八五冊、正続合わせて三三七三種の版本を出したというのですから、とても信じられないようなはたらきでした。

目が見えないのに、どうして勉強したのかといいますと、ほかの人に本を続んでもらいます。それを一度きいただけで、あとずっと忘れることがなかったのです。とても常人の及ぶところではありませんが、この超人的記憶は、耳の記憶のもっともすぐれた例でしょう。博覧強記《はくらんきようき》ということばがあります。これは本で読んだことを覚えているのですが、塙保己一は博聞強記でした。

普通、そういう耳の記憶力をつけることはとても考えられませんが、耳の記憶を大切にして、よくきき分け、しっかり理解する力をつけることは、かならずしも不可能ではありません。

いまの教育は、目の記憶に頼っています。文字を読み書くことに重点をおきますから、おのずから耳の方はお留守になります。文字に書いてあると思うと、安心して、耳の記憶が弱まるのかもしれません。

耳の記憶のよいのが、本当の記憶のよさだといってよいでしょう。

「聞く」と「聴く」

赤ちゃんの顔、目を見てものをいうようにしてください、と前にも書きました。

なぜ、赤ちゃんの目を見て話さなくてはいけないかといいますと、それで、赤ちゃんにはことばがききやすくなるからです。

テレビから流れてくることばも、ことばですが、赤ちゃんの目を見ながら話されていないので、赤ちゃんことばとはまったく違ったものになります。テレビに子守りをさせたりしてはこどもがかわいそうです。

人間の耳は生まれつき、〝きこえる〟ようになっていますが、そのきこえ方は一様ではありません。外を通るクルマの音、カラスのなく声は、きこうとしなくても聞こえます。

ところが、人の声は、よく注意しないと、わからないことがあります。きこえてくる音を聞くのではなくて、耳をかたむけてきく音もあります。

一般に、この二つのきき方は、ごっちゃにされていて、区別されません。しかし、実は、たいへんな違いがあるのです。それでときに自然にきこえてくるものをきくのを「聞く」といい、よくきこうとしてきくのを「聴く」と書きあらわしますが、声に出していえば、どちらも同じ〝きく〟になってしまいます。

その点、英語ではすこしはっきりしています。きこえるのはヒア（hear）、よくきくのはリッスン（listen）と区別しています。

赤ちゃんことばは、聴くために都合のよいように、ゆっくり、はっきり、調子を高め、くりかえしていわれます。ほかのもの音などとまぎらわしくないようになっているのです。聴きやすくしてあるわけです。

日本人は耳がよくないといわれます。ことばをしっかり聴きとれない、きいたことをすぐ忘れてしまう、という通弊をもっていますが、これはひとつには、幼いときに、「聞く」と「聴く」の区別をせず、あいまいなきき方をさせてしまったことに原因があるように思われます。

「聴く」、「リッスン」のしつけによって、耳はどんどんよくなります。ことばもしっかり身につきます。ひいては記憶力もよくなるでしょう。幼児のことばではこの聴の力を高めるのがきわめて大切です。

そういうことばを教えるのがお母さんです。こどもに話すことばに気をつけなくてはいけないのは当然でしょう。

ひと口にことばを話すといいますが、やはり二通りの話し方があります。これもたいていは区別されていませんが、ひとつはただ、口をついて出てくるようなことを「しゃべる」。もうひとつは、考えて話す、「話す」「語る」です。

前にものべましたが、女性はたいへんことばの能力に恵まれています。女性ホルモン、エストロゲンのおかげかどうかは別にして、男は、とてもかないません。

その恵まれたことばの才能を、多くの女性は、おしゃべり、に浪費しています。赤ちゃんに向っても、おしゃべりをするのです。どんなことをしゃべっても口をきかないで、黙っているよりましですけれども、できることなら語ることば、すくなくとも、それにちかい話をするようにしたいものです。

といっても、日常のことばを、すっかり変えて、語ることばにするなどということが実際にできるわけがありません。

それで昔の人は、日本だけでなく、どこの国でもそうですが、昔話、おとぎ話をこどもに話すようにしました。おとぎ話のことばは語ることばです。いまは、それを古くさいように誤解する若いお母さんがあるようですが、昔の人の智恵をバカにしてはいけません。

「むかし、むかし、あるところに、おじいさんとおばあさんがおりました。おじいさんはやまへしばかりに、おばあさんはかわへせんたくにいきました」

いまどき、柴刈り、川の洗濯もあるまい、などといってはいけません。昔、昔のことをきいて、わかってもらおうとしているのです。おかしなところがあって当然ですし、むしろ、それによって、きく耳が緊張し、きたえられます。

このごろ幼い子に、本の読みきかせをするお母さんがすくなくありません。語りのことばをきかせられて、たいへん結構ですが、こどもの目を見てのことばがけのできないところが泣きどころです。

おとぎ話などは何度も何度もくりかえしきかせますが、読みきかせでは、たいてい一度でおしまいになります。

つまり、こどもの耳は、しゃべりではなく、話し語ることで、だんだん鋭くなります。記憶もよくなります。頭をよくすることもできます。

"くらがり" の効用

長崎のあるカトリック教会の神父さんがこんな話をしてくれました。

この神父さんは、お母さんたちを対象に、教養講座のようなものをひらいて、毎週、講話をしていました。

それがたいへんな苦労だと、神父さんはいうのです。別に、力がいるわけではないのに話が終ると、へとへとに疲れます。

なぜ、そんなに、疲れるのかといいますと、理由ははっきりしています。お母さんたちが、まるできいてくれないからです。お互いにしゃべったり、ほかのことを考えてボーッとしていたり、よくきいている人がほとんどいません。

神父さんは、なやみました。お母さんたちによくきいてもらえるように、いろいろと試みてみました。

あるとき、大きな絵の写真をもってきて、話をしますと、それまでがウソであったようにじっときいてくれます。「目が遊んでいると、耳はよくきかないのですね」と神父さんはいいました。

これで味をしめた神父さんは、そのころ人気のあったNHKテレビのドラマ『大草原の小さな家』のビデオをもっていって、それを見せながら、話を進めるようにしました。

すると、それまで騒々しかった人たちが、じっとおとなしくきいてくれるようになりました。神父は大喜びでした。

しかし、神父さんは、そんなに喜んではいけなかったのかもしれません。

お母さんたちが静かになったのは、神父さんの話をきくためではなく、ビデオを見るには、おしゃべりができないから、黙っていただけのことです。よくきいているという保証はありません。

ちなみに申しますと、神父さんの話の内容は、ビデオのドラマとは"まったく関係がない"ものでした。ビデオは話をきく上で、じゃまにはなっても助けになることはなかったのです。

動く絵を見れば目はそれを追うのに忙しくて、口をきいているヒマがないのでしょう。口だけではなく耳もよくはたらかなくなっていると考えられます。絵を見入っていれば、耳の方はお留守になって、きいたことばは、右の耳から左の耳へのつつ抜けになってしまっているかもしれません。

神父さんはお母さんたちが、よく話をきいてくれるようになったと、喜んではいけなかったのです。静かにはなったでしょうが、それがとりもなおさず、講話をしっかりきいていてくれたのだという保証はどこにもないのです。

どうも、目と耳はあまり仲がよくないようです。目を使っているとき、耳ははたらかなくなります。逆に、注意を耳に集中するには、むしろ、目がじゃまになります。名曲に聴き入るのに目をつむる人がすくなくありません。

さきにも話しましたが、目の不自由な人は、目にじゃまされないだけに、よりよく耳がきこえると考えられます。それですばらしい耳の記憶をもった人がすくなくないのでしょう。

その点からしても、幼いこどもが、テレビを見てことばを覚えている現状は決して好ましいものではありません。目に訴える映像が強烈ですから、耳のききとる音声の影がうすくなりがちです。テレビは、どちらかというと目の人、視覚的人間を育てます。その分、耳の方が弱くなる傾向のあることは否定できないでしょう。

そこへいくと、ラジオはすぐれています。動く絵によって気を散らされることがないからです。

テレビはくらがりでも見られないことはありませんが、たいてい明るいところで見ます。それでラジオも明るいところできくのが普通になっていますが、思い切って、くらがりでラジオをきかせるのが効果的です。見るものがないだけ、耳に集中できます。

子育てに熱心なユダヤ人家庭では、テレビをおさえラジオをきかせるようにしているといいますが、くらがりでラジオをきかせることをしているかどうか、わかりません。くらがりで、こどもにラジオをきかせて、耳のきき分けをよくすることができればすばらしいと思います。

ただのくらがりのラジオではなく、音量をしぼって小さな声にしてきくようにすれば、耳の訓練にはいっそう効果的であろうと思われます。

テレビはもちろん、ラジオもない昔、親たちが、こどもにおとぎ話をきかせるのをこどもの寝て眠りに入る前の時間にしたというのはたいへんな智恵であったわけです。明るいところでは、じっとして、よくきけないのがこどもです。

ドイツの幼稚園では、こどもに童話をきかせようとするのですが、なかなか静かにきいてくれないので、部屋の窓に暗幕をつけ、それをしめて、部屋をくらくして話をきかせているところがあるようです。

ただ、幼稚園です。こどもがたくさんいることもあって、まったくくらくしてしまうわけにはいかず、キャンドルをともして話をきかせるのですが、そのキャンドル・ライトに興奮する子もいて、なかなか、おとなしくきけなくて困るという話です。

一般にこどもの寝室に電灯がつくようになったのは近年になってからです。それ以前は、寝室はくらかったのです。そこでお母さんに添い寝してもらいながら、おとぎ話、昔話をきくというのは、耳の教育としては最高だったわけです。

いまのこどもの寝室は明りがありますが、ことばのことを考えると、話をするときには、灯を消して、耳できく、「全身を耳にしてきく」というようなこともできないことではないでしょう。

このごろ広く行われています、読みきかせも、耳のことばの教育になりますが、お母さんが本を見る関係で、部屋をくらくすることができません。その分だけでも、昔風の物語りに及ばないのです。

お母さんが本を読むのでなく、話を覚えて寝る前の子に、くらいところで、話してやるのがすばらしい。こどもは一生それをありがたいと思うでしょう。

3章

賢い耳

きき分ける能力

耳はすべての音を一様にきいているのではありません。もの音と人の声とでは、きき方が違います。ふつうの音はきき流しにきいていますが、人の声には敏感で、よく耳をかたむけます。同じ声でも、自分の名前などはもっともよくきこえます。とくに大切だからです。

人ごみの中で、知った人とよく似た人とすれちがったとします。知人であるか自信のないときに、たしかめる、おもしろい方法があります。

いったんはやりすごし、うしろから、その人の名を小さな声で呼ぶのです。本人ならたいてい振りかえります。人違いなら、その声はきこえません。ほかの通行人も自分の名前でない小声など耳に入りませんから、人目をひく心配はありません。

お互いに自分の名前には、とくに敏感で、注意してきくようになっているのです。耳は、大切なことば、声をほかの音、声と区別してきくだけではありません。意味のない音の中から、大事な声を選び出してきく力ももっています。選択してきいているのです。なんでも同じように耳にとめているのではありません。

混雑した地下鉄の中で立ち話をします。うるさいことはうるさいのですが、なんとか話ができます。

それをテープにとって、あとできいてみますと、雑音がうるさくて、声はほとんどききとることができません。それなのに、実際に会話ができたのは、耳がほかのうるさい音の中から相手のことばだけを選び出してきいていたからです。テープレコーダーという機械の耳は無差別に音をとり入れますから、かんじんな声はわからなくなります。

補聴器をきらう人がすくなくありません。うるさいというのです。なぜうるさいのかといいますと、自分の耳ではきこえていない、つまり、きき流しにしていた音がすべて同じ大きさできこえるからです。人間の耳は、必要なことばや音だけをひろい上げ、そのほかはきき流し、ききすてているのです。補聴器は音の拡大はしますが、耳のもっている選択力がありませんから、耳の代りをすることができなくて、うるさいと感じられるようになります。

こういう耳のはたらきが、生まれつきそなわっているものかどうかはっきりしませんが、耳のよい人、しっかりきき分けることのできる人と、そうでない人がいるのを見ますと、やはり、生後の環境、教育によるところが大きいように思われます。すくなくとも、ただきく（ヒア、聞く）のと、よくきく（リッスン、聴く）の区別のあることは頭に入れておいて、耳のしつけをする必要があるでしょう。

よく聴くことのできる耳をもっているのが頭のよい人です。耳の訓練は広い意味で勉強の一種だということになります。

実際に、そういう訓練をしているところがアメリカには見られるようです。日本の幼稚園でも、しているところがあるかもしれませんが、きいたことがありません。

幼児に英語の手ほどきをするところはありますし、園児にお茶を教える幼稚園もありますが、よくきける耳を育てることをしている幼稚園はないのではないかと思われます。

アメリカの幼稚園では、リスニング・ドリル（聴きとり練習）をしているところが珍しくありません。

どうするのかといいますと、こうです。

こどもがにぎやかに遊んでいる大部屋で、先生がひとりの子を部屋のすみの椅子にすわらせます。すこしはなれて腰をかけた先生が何か短いことばを話します。こどもはそれをききとって、その通りをいうのです。

静かでないところで、先生のあまり大きくない声をききとるというのは、はじめのうちは容易ではありません。はじめのうちは、よくわかりません。いい加減なことをいいます。

ときどきこういう練習をしていると、だんだん、耳がよくなります。先生の声を選択し、ほかの騒音から区別し、拡大してききとることができるようになります。これがリスニング・ドリルです。

日本のこどもに対しても、幼稚園に入るまえに、家庭でリスニング・ドリルのようなことをするのは不可能ではありません。

耳をよくすれば、頭がよくなるというのであれば、これをほうっておくという手はないでしょう。

ききとり、書きとり

講演をきいている人たちが、メモをとるのは珍しくありません。とくに女性に多いようです。そういう講演の様子を報じる新聞が、「会場の聴衆は熱心にメモをとりながらきき入っていました」などと書くので、メモをとった人はホメられたように思うのです。

実は、メモをとりながら熱心にきき入るのは困難です。字を書くのに気をとられていると、きく方は上の空になりやすいのですが、新聞の記事を書く人は、メモをとる人に同情があるのかもしれません。本当に熱心にきくなら、メモなどとってはいられないはずです。

かつて、ある学生が、大学へ入って早々、遠縁に当るその大学の教授のところへ勉強についての注意を受けにいきました。とくに、ノートのとり方について、ききたかったのです。

そのころの大学の講義は、先生が家で作ってきたノートを読み上げる、それを学生が筆記するものときまっていました。そのノートが大学ノートといわれました。

きかれた先生が答えました。

「ノートなどとらず、じっときいているのがいちばんです」

「それでは、あと忘れたら、困りますが……」

「ノートがないのだと思って、しっかりきけば、大事なことを忘れたりするものではありません」

この学生は、いわれたようにノートをとらずに講義に出席して、りっぱな成績をあげたといいます。

ノートをとると、話がよく頭に入りませんし、わからないことはあとノートで読めばいいという気持もあります。字を書いていればそれに気をとられて、話がわからなくなることもあります。

忘れてはいけない。そう緊張してきいていれば、全部ではなくても、かんじんなことは記憶にのこります。しかし、文字を信用し、耳を信頼しない人たちは、ノートをとらないで講義をきくのをたいへん危険なことのように思います。

(世の中が変わったせいか、いまの大学で昔のようなノートに書きとる講義はほとんどなくなりました。それで、学生のききとりが上手になったかどうかは、わかりません)

これは、陸上競技の選手だった人の話です。練習に忙しくて、あとで、講義のノートを読み返す時間もないから、と思って、いっさいノートをとらずに授業に出ていました。それでいて、この人はかなりいい成績でした。

もっと成績をよくしたいと思い、それには運動をやめなくてはいけないと考えて、授業の勉強に専念しました。人なみにノートもとりました。

ところが、どうでしょう。意外にも、勉強の時間のすくなかった陸上競技の選手だったころよりも成績が下がってしまったのです。どうもノートをとって、安心してしまったのがいけなかったようです。耳をおろそかにして、目中心の勉強にしたのがよくなかったのでしょう。

小学生は、昔から先生の話をノートにとるなどということはありませんでした。先生の話すことを、どれだけききとっているか、かなり疑問です。

だいいち、きく態度ができていません。となりのこどもとおしゃべりをしているのがすくなくありませんが、それでは先生のことばはまるで耳に入らないでしょう。勉強がわからなくなって当然です。

授業中、こども同士がしゃべる、などということは昔の小学校ではまず考えられないことでした。みんな静かにきいていました。午後の授業では、居眠りする子はいましたが、私語することは例外的でした。それだけ先生がこわかったこともあります。

いまの小学校にはまるで授業を受けようともしないで、あばれるこどもたちがいて、〝学級崩壊〟をおこしている小学校があるくらいです。

そういう小学生が中学、高校へ行くのですから授業中の私語は当り前のようになりました。大学生まで、ノートをとるどころではなく、勝手なおしゃべりをします。中には缶ジュースを飲みながら講義をきく学生もいます。

これではよくきけるわけがありません。このごろ、こどもの学力が低下してきました。授業時間がすくなくなったためだという議論がありますが、見当が外れています。足りないのは、教科の内容や授業時間ではなく、しっかり、先生の話をききとることどもの集中力です。

勉強がよくできるようになりたかったら、こどもは授業中、先生から目をはなしてはいけないのです。そして、先生のことばはひとことだって、ききのがすまいと耳をかたむけるのです。

テレビをいい加減に見るくせがついてしまった子は、集中力に欠け、耳を鈍くしていることを反省しなくてはなりません。

「耳ことば」のしつけ
——話をよく聴ける子を育てる——

このごろのこどもは、まるで人のいうことをききません。静かにしなさい、といわれても、平気でさわぎます。それで小学校で授業ができなくなる教室があらわれ、〝学級崩壊〟だと、話題になりました。

先生は、

「静かにしなさい」

と声をからして叫びますが、こどもはどこ吹く風とききながします。

「気をつけ！」

という号令をかければ、かつては、直立不動の姿勢をとったものです。もちろん、おしゃべりなどしてよいわけがありません。この、

「気をつけ!」

に当る英語は attention!（アテンション）です。軍隊の号令としては、つづめて、ション! といわれます。

アテンション（気をつけ）といわれても、何に気をつけたらいいのか、わからない日本人がすくなくありませんが、無理もないでしょう。アテンションの〝気をつけ〟るところは、まず、耳です。「気をつけ!」は、〝よくききとりなさい〟、がもとの意味だったことになります。

空港の国際線のアナウンスが、

Attention, please（アテンション・プリーズ）

というきまり文句を流します。日本語にすると、「どうぞよくお聴きください」というのに当ります。日本語ではやわらかく、「みなさまに申し上げます」などとなります。しかし、耳のしつけのよくない日本人は、このアテンション・プリーズを無視し

て、お互いおしゃべりをしていて、大切なことを聞きのがして、あとで大あわてする、ということになります。

アテンション、つまり、気をつけて、よくお聴きください、が、外国ではきまり文句でありますが、日本人は耳に気をつけることが下手です。話の大切なところを聞きちがえしたり、聞きそこなったりしがちです。こどものときの耳のしつけが不足しているのです。

日本人は大人でも、耳の悪い人がすくなくありません。講演などきいても、要点がつかめないことがしばしばあります。それで講演の前に要旨を文章にして渡すように要求する主催者がすくなくありません。耳だけではわからないから、目で読むテキストがほしい、というのでしょう。

英語の講演では、講師は、話の終りのところで、

Thank you for your attention.（サンキュー・フォ・ユア・アテンション）

というのがきまりです。

あなた方のアテンションに感謝します、ということで、アテンションがさきにのべ

ましたように、気をつけて聴くことですから、これで「ご静聴ありがとうございます」という挨拶になるのです。

そういう英語には、また、

I am all attention.

というきまり文句があります。「私は全身を耳にして（よく聴いて）います」という意味です。

つまり、気をつけるのは、気をつけてよく聴くことであり、それが注意することになる、というわけです。聴覚を大切にする社会のことです。

われわれの間では、注意、すなわち、静聴、謹聴とはなっていません。こういうアテンションを身につけるのはなまやさしいことではないでしょう。

お母さん自身、幼いときに、よく聴くための訓練を受けていないのですから、どうしてよいか、わからなくなります。

だからといって、これまでと同じように、耳をお留守にしたことばの教育をしていてはいけないでしょう。

国際化にふさわしい人間とは、外国語をしゃべる人間になることではありません。それより先に、耳でよく聴き、理解する能力をもった人間になることです。それなのに、いまの教育は、幼稚園から大学に至るまで、聴覚の理解力を高めるためには、ほとんどなすところを知らないありさまです。

家庭においての耳のことばのしつけは、その学校教育の欠点を補う最先端の教育であります。お母さんは耳のことばについて多少の新しい教養を身につけていただかなくてはならないでしょう。

この本が、いくらかでも、そのための役に立てばと願っています。

こどもに、人のいうことをよく聴くようにするには、まず、

「気をつけること」

です。ほかのことに気を散らさないことです。勝手なことをしゃべるなど論外です。しゃべりながら相手のことばを気をつけて聴くことはできません。ついで大事なのは、

「相手をよく見ること」

です。日本人は、相手の顔を見ないでしゃべるといって、外国の人が気味悪がります。

小さいときから、話す人をよく見てことばを聴くしつけを受けていないからで、ワキ見がよろしくないのはクルマの運転だけではありません。注意し、気をつければ、耳はもちろん、目も相手をしっかり見すえなくてはなりません。

聞きっぱなしにしないで、わかったかどうかをたしかめることも大切です。

これについては、次の章でさらにくわしくお話ししたいと思います。

復《ふく》誦《しょう》の重要性

小学校の授業を見ていますと、先生は説明がひとくぎりつくと、こどもたちにききます。

「わかりましたか」

こどもたちは声を合わせて答えます。

「はーい」

先生は、安心したかのように、

「では、さきへ進みましょう」

となる。実際は、半分もわかっていないことがすくなくありません。こういうことをくりかえしているのでは、耳はよくなりません。いまの学校はその反省をすることがほとんどありません。学力が思うように伸びなくて当り前です。

「わかりましたか」――「はい」となったら先生は児童に、きいてみるのです。

「先生が何といったか、そのままでなくてもいいから、いってごらん」

これに答えられる子は、ほんのわずかの耳の優秀なこどもだけです。ほかのものは耳がよくなくて、先生の話が、右から左へつつ抜けになってしまい、あとにはほとんど何ものこっていません。こういう勉強をいくらしても、勉強は出来るようにならないでしょう。

学校が耳をよくすることをまったくしてこなかったわけではありません。

随筆家の内田百閒は、戦前、陸軍士官学校の先生をしていました。当時のことを書いたエッセイの中で、こういうところがあります。

教壇の上にくつろいで椅子に腰を下ろしてから、週番生徒の名を呼んだら、すぐその席に起立した。

「君すまないけれど教官室へ行つて、たしか日直の教官が今の時間は休みだつたと思ふから、教官室に居られるだらうと思ふんだ。その教官にさう云つて答案用紙を貰つて来てくれないか。それからついでに僕の机は入口の突き当りの右側の二つ目なのだが、その上に小さな風呂敷包みを置いて来た様な気がするんだけど、もしあつたらそれも持つて来てくれたまへ。もし見つからなかつたらいいよ」と私が云つた。「はい」とその生徒は歯切れのいい返事をして、自席を離れた。（中略）不意に大きな声で自分の所属中隊と姓名を名乗つた上、「只今から、教官室へ行きまして、日直の教官殿から答案用紙を貰つて来ます。それから、教官殿の机は入口の突き当りから右へ二番目であります。その机の上に小さな風呂敷包みが置いてあるのを持つてまゐります。もしありませんでしたら、持つてまゐりません」（「新教官」）

なれない百閒先生は、あっけにとられたようですが、この復誦《ふくしょう》というのは、軍隊ではごく当り前のことでした。日ごろからしつけられていたのです。

右の話では、きいたことを、適当に解釈して復誦していますが、一般の兵士は、もっといわれたことばを忠実にいわなくてはいけない、と教えられていました。

わけもなく、うるさいことを教えこんだのではありません。いい加減なきき方をして、それを他へ伝えたりすれば、重大な事態を招きかねません。ふだんから、ことばが正しくききとられているかどうかのチェックをするようにしていたのです。

昔でも、一般の学校では復誦などさせませんから、耳がわるいままで、軍隊へ入ってきますが、それではたいへんな誤りをおこす心配があります。それで、よくききとる訓練を日常行ったのでした。

きいてわかったつもりでいても、わかっていないことがすくなくありません。口に出してみてはじめて、それがはっきりします。

軍隊がしていたことだからといって、毛嫌いするのはよくありません。学校、ことに小学校などでは、復誦を導入したいものです。

勉強したことは復習によって、本当にわかりますが、耳できいたことは、復誦によって、その場で、本当にわかっていることがたしかめられます。

しかし、耳の訓練は、学校へ行くようになってからではおそいのです。その前に、家庭で、そして幼稚園でも、その努力をしなくてはいけないのです。頭のよい子は、耳がよいのです。その耳をよくするには、復誦がもっとも有効な方法であります。

お母さんがこどもにいいます。

「そこの赤い本をもってきてちょうだい」

こどもが、だまって、本をとりに行こうとしたら、

「お母さん、いま、なんていった？」

ときいてみます。

「そこの赤い本をもってきてちょうだい」

「そう！　よくいえたわね」

とほめます。もし、いえないようでしたら、もう一度、

「よくきいといてね。そこの赤い本をもってきてちょうだい」

といって、こどもに復誦させます。

はじめのうちは、お母さんのことば通りをいわせますが、なれてきたら、すこし変えて、

「赤い本をもってきて、って」

というようにしてもよいでしょう。

毎日するわけにはいかないでしょうが、しっかりきいてもらいたいことをこどもにいうときは、めんどうがらずに復誦をさせるようにします。そうすると、こどものきき分ける能力は自然に伸びます。

なるべく早い段階で復誦のくせをつけておけば、大きくなって、復誦する必要がないところでも、人の話すことがよく理解できるようになります。

学校の勉強も、復誦できたえた耳をもってすれば、それほど苦労しなくても、りっぱな成績をおさめることができるはずです。

随《ずい》聞《もん》
―聴き書きの天才―

田中隆尚さんは斎藤茂吉の最晩年の弟子でした。茂吉に会ってきいた話をまとめて『茂吉随聞』という上下二冊の本を出しました。名著といわれています。

本にするとあらかじめ告げたのでは、自由に話してもらえないだろうから、というので、毎回ノートなどもたないで、ただきいて帰りました。帰ってから、その日の話を再現したのですが、実にこまかいことが記されています。

ご本人に、よく覚えておられますね、ときいたところ、田中さんは、こともなげに、二時間くらいですから、覚えられる、と笑って答えました。もっとも数字は忘れるおそれがあるのでそっとペンで爪に書きつけた、ともいいました。

とにかく、たいへんな記憶力です。きいた話はあとで〝覚え書き〟などと銘うって文章にしたりする人はいますが、おおよそのことで、細部は、適当に、つじつまを合わせることが多いようです。田中さんは、そうではなく、文字通り、きいた通りを文字にしました。まさに〝随聞〟です。

記憶力のよかったことはこんなところにもあらわれました。田中さんは、メモの手帖をもちませんでした。たいていの人が、予定を書き込む手帖をもっていて、新しい約束をするときは、いちいち手帖を見て、あいているかどうかを確かめます。

田中さんは、手帖なしでずっとさきの予定まで、ちゃんと頭に入っていました。その日は大丈夫といえば、本当に大丈夫でした。かなりの歳になるまで、それで問題をおこしたことはありませんでした。それくらい耳がよいのです。記録ではなく覚え、記憶で頭の中にしっかり入っていたのでしょう。会った人のことばをあとで文章にするくらいなんでもないことだったに違いありません。

そういう耳のよい人ですから、語学にすぐれていたのは当然でしょう。もともとはドイツ語の先生でしたが、中年になってから、イタリア語の勉強をしました。リンガフォンという語学レコードで独習したのですが、あっというまに、会話ができるようになったといってまわりをおどろかせました。

そのイタリア語を実地でためしてみようというのでしょう。ローマへ行きました。向うでイタリア人に道をきかれて、教えてやったという土産話をもって帰りました。

それだけではありません。何年かして、こんどは、ギリシャ語をやはり独学で始めました。本を読むのではなく、やはりレコードで覚えたのです。

これでよしとなると、田中さんは、東京のギリシャ大使館を訪れ、ギリシャ語で案内を乞いました。向うはびっくり、現代ギリシャ語を話して大使館へ来る日本人は、珍しいといって大使がじきじきに会ってくれたといいます。

大使の口添えもあって、アテネへ行った田中さんは、大学で日本文化についてのギリシャ語の講演を行い、新聞にも報じられて評判でした。帰ってきてからはギリシャ大使館に頼まれて、大使の大学訪問などの際の通訳のようなこともしたことがありました。おどろくべき語学の天才といってよいでしょうが、耳がいいのです。しっかり聴きとり、きき分ける力がそなわっていたのです。

多くの日本人が、外国語の本は読めても会話はだめですが、それは、田中さんのような耳のよさをもっていないからで、いくら会話学校へ通っても、ろくに話せないのが実際です。

耳のよい田中さんが、すぐれた歌人であったのは偶然ではないでしょう。調べをととのえることは耳のはたらきです。文字を綴って歌をつくるようなことはもともとよろしくないことです。やはり、耳がすぐれていたと思われる、芭蕉が、句をつくるときは、「舌頭に千転させよ」。つまり、何度も何度も口でいってみて調べを正せと教えていますが、舌頭千転《ぜっとうせんてん》は耳朶《じだ》千通《せんつう》といってもよく、くりかえし耳にきいてみるということでしょう。

田中さんが、どうして、あのようにすばらしい耳の記憶力をもつようになったのか、幼いときのことがわかりませんから、何ともいえませんが、やはり、よく聴くしつけを受けたに違いありません。

この田中さんが、学業でも優秀であったことを考えると、耳のよさは、ただ、きいたことを忘れないというだけではなく、学習全般にわたって高い理解力をもっていたことがわかります。

一般に何となく、勉強は文字によってするように考えがちですが、目以上に耳がものをいうのです。

耳をよくするのは幼いときでなくては、手遅れになります。

耳の智恵
―ことわざは優れた教材―

若いお母さんほど、わが子に早くから勉強をさせたいと思っています。勉強は本を読んだり、文字を書いたりすることだと思っていますから、幼稚園で、読み書きの手ほどきをするところがあります。

知識は、文字でないと得られないように考えるのは、誤解です。もちろん、本によって得られる知識が多くあるのも事実ですが、話すことばが知的でないように考えるのは間違っています。

文字の読み書きができなくても、賢い人はいくらでもいます。学校教育が発達していなかった時代、人々は、耳から知識をとり入れていました。それで、賢明、聡明な人が大ぜいいいたと思われます。

文字の読み書きのできない人たちは、耳で勉強するほかなかったのです。耳学問が実に多くのことを教えてくれました。ところが、教育が書物中心にすすめられるようになったために、耳学問といえば、ききかじりの知識を軽べつすることばになってしまいました。本当の耳学問はずっと泣いています。かつては耳学問でりっぱな知識人となることができました。

幼いこどもにも耳学問はできます。

その手本になるのが、ことわざです。

いまの若い人で高い教育を受けた人ほど、ことわざをバカにする傾向があります。とんでもない誤解です。ことわざは深い人間の心理や道理をかんたんに快いリズムをもってあらわしているもので、耳学問の百科辞書といってもいいでしょう。

もともと大人向けの教訓を含むものが多かったのですが、早くからその教育的価値に気づいた人たちがいました。

よく知られたことわざを、カルタに仕立て、こどもの遊戯にしたのです。「いろはガルタ」として五十年くらい前まで広く行われていました。このごろは、ほとんど影をひそめてしまいましたが、おしいことです。

こどもの耳をよくする教材として、おそらく、ことわざにまさるものはないように思われます。

いくつか、ことわざを例にあげてみましょう。

○イヌも歩けば棒に当る

かつてのいろはガルタの〝い〟に入っていたものですが、意味がはっきりしません。二つの解釈があります。なにかしようとすると、思いがけない災難にあうものだ、というのと、もうひとつ、思いがけない好運にめぐりあうこともある、というのです。幼いこどもに、そんな意味を教えるのは好ましくありません。ただ、このことわざをきかせて、こどもがいえるようにします。当分、こどもはこのことわざを使う機会はないでしょうが、一生の間には思い当ることがあるでしょう。

○サルも木から落ちる

どんなにすぐれたものでも、ときには失敗することはある、という意味ですが、やはり、ことばそのものを耳に入れるだけでよろしい。へたに意味など教えないようにします。

○あわてるカニは穴に入《はい》れぬ

ものごと、あわてってはいけないということでわかりやすいでしょう。あわててはいけない教訓になります。同じく、

○いそがば回れ

というのも、実際的な教訓になりますが、動物が出てきた方が、こどもにとっては親しみやすくなります。

○鵜《う》のまねをする烏《からす》

似ているからといってほかのもののまねをするととんでもない目にあいます。

○蛙の子は蛙

子は親に似るのです。

○一度あることは二度ある

○のどもとすぎれば熱さを忘れる
○良薬は口に苦し
○楽あれば苦あり
○知らぬが仏
○ネコに小判
○壁に耳
○桃栗三年柿八年

こういうことわざを教えていきます。さきにも申しましたが、意味をつめ込んではいけません。ことわざそのものを耳に入れるのです。

文字を知らない年齢のこどもに、カルタをとらせるのは感心しません。代りに、ことわざ遊びをします。

お母さんが前半をいいます。

「カベに」

それにこどもが、後半をつけます。

「ミミ」

といえたら、ほめてやります。こどもはおもしろがってするでしょう。すこし進歩したら、下の句、

「柿八年」

といって、上の句、

「桃栗三年」

をつけさせるのも一興です。

うまく出来たら、ほめることを忘れないようにします。たのしく遊びながら、耳の智恵をつけることができます。

叱《しか》り方に気をつける

こどもが何か悪いことをしたときは、感情的にならずに、どうしていけないのかをわかるように話してやるようにすると、こどもはいうことをきくようになります。よくないことをしたときは、ふだんより、こどもは神妙になっています。

たいていは、カッとなって、叱りつけます。どなり声ですから、ききたくないのです。きいてもきかないふりをし、あと何ものこりません。

こどもが、悪いことをしたと自分でわかっているときには、大声で叱《しか》ったり、うるさく同じことをくりかえしたりするのは逆効果です。

こどもが、自覚している悪いことには、よけいなことをいわないに限ります。
悲しそうな顔をして、だまるのです。こどもが何かいっても返事もしないで知らん顔をします。こどもはお母さんからことばをかけられるのは当然だと思っていますから、急に黙りこまれると、内心、すくなからずあわてます。ことに男の子は気が小さい、というか、お母さんっ子ですから、お母さんに知らん顔をされるのはつよい衝撃です。

「なにか、ボク、いけないことした？　いって！」

そうしたら、ゆっくり、あんなことをしたから、お母さん、悲しくて、情けなくて、ものをいう気になれない、というようなことを話します。こどもは心に銘じます。親が怒っているのではなく、悲しんでいるのだということが、話せばこどもにもちゃんとわかるのです。

とかく口数の多くなるお母さんのことです。ぐっとこらえて、黙っているというのは努力のいることかもしれませんが、「親のいうことがきける」こどもに育てるにはなによりの方法です。

こどもが悪いことをしたのに、親が知らん顔をしているのはいけません。こどもは、悪いと知っていて、お母さんに叱られたい、という奇妙な気持がはたらいて、よくないことをすることもあるからです。

そんなとき、お母さんが、まったく無関心だと、こどもはおもしろくありません。あれでは足りないのかと考えるわけではないでしょうが、もうすこしエスカレートした悪いことをして親をためすのです。

そこで大人が叱ってくれればこどもの気がすむのですが、それでもなお、お母さんなどが叱らずにいると、さらにいっそうたいへんな悪いことをして、大人の気をひこう、注意をひこう、叱られようとします。

とんでもないことをしでかすこどもは、そもそもは、お母さんに甘えるためのいたずらから始まっていることがすくなくありません。叱ってやるのは親の大切な愛情表現です。

その叱り方は、さきにものべましたが、感情的になってはいけません。お母さんはこどもの友だちではなく、親です。先生です。よほどのことがない限り、カッとなったりしてはいけません。手をあげたりするのは論外です。

もっとも、ときと場合によっては、体罰を与えることも許されます。しかし、それは、よくきく耳を育てなかったこどもの場合です。

静かに、理づめに叱る、というのはわが国では昔からなかったことですが、これからのお母さんはそれができなくてはいけないでしょう。

これはアメリカの話です。ご参考までにお耳に入れます。

こどもがうちの窓ガラスを、いたずらをしていて破ってしまったとします。こどもの教育にまるで関心のないような家庭の親は、何もいわず、ポカン、と一発くらわせます。こどもにとってもありがたくないことですから、ガラスを破ることはよくないことを知ります。二度とすまいと思うでしょう。

それよりすこし、子育てに関心のある家庭のお母さんは、大声で、どなりつけるでしょう。

「だめじゃないか、このイタズラもの！」

そして、くだくだ、叱る文句をくりかえすのです。こどもには、さほどこたえませんから、また同じことをするでしょう。

最後は、もっとこどもの育成に心を使っている家庭です。

お母さんが、こどもを前にして、困った顔をして、静かに、どうしてガラスを破るといけないかのわけを話してきかせます。

破片が飛んで、あと、ふんだりしたら怪我をしかねないこと。

ガラスが破れていると、夜、泥棒などが入ってくるかもしれないこと。

そうでなくても、寒い風が吹きこんで、風邪をひくおそれがあること。

うちではどうすることもできないから、ガラス屋さんに来てもらって新しいガラスを入れてもらわなくてはならないこと。それにはお金がいること。

こういうわけを、ゆっくり、話します。全部が全部、こどもにわかるとは限りませんが、いくらか、いけない理由のようなものがわかるでしょう。これが、ことばの理解力を高めることになります。

以上、三つの家庭を、前の方から順にA、B、Cとします。

Cの家庭のこどもが、学校へ行ってからの学業成績がいちばんすぐれています。B

は、それには及びません。Aはもっとも劣ります。

それは、生来の能力による差ではなく、耳でことばを理解することをくりかえしていることによって、頭脳が発達したのだと見るべきです。

どうして？

ということを、理屈っぽく話すのはこどもの頭をよくするのに役立ちます。

4章

考える耳

「笑い」と頭のよさ

日本では、あまりそういうことをいいませんが、ヨーロッパなどでは、早く笑うこどもほど頭がいいといわれています。

生後すぐは笑えません。そのうちに笑うようになりますが、はじめのうちの笑いは、なぜ笑うかよくわかりません。おそらく頭のはたらき以前の笑いでしょう。

やがて、「いない、いない、いないバー」をすると、笑うようになりますが、これはいくらか知的な笑いだといってよいでしょう。

やがて、ことばをきいて笑うようになりますが、多くのお母さん、お父さんは、幼い子におもしろい話をすることはあまりありません。話といえば、おとぎ話や童話が中心になります。笑いのある幼児向きのお話は意外にすくないのです。

話をきいて笑うには頭のはたらきが必要です。また、笑って話をきくことで頭のはたらきはよくなると思われます。

小学校の教室でも、先生の話をきいて笑うのはよく出来る児童です。それほど頭のはたらきの活発でない子は、先生の話で笑うことができません。学校へ入る前に、笑う話をきく稽古をしていれば、そんなことにならないかもしれません。

泣くのは動物でも泣きますが、笑うのは、ホモ・サピエンス（知能人間）だけでしょう。泣いているだけでは、人間としてはずかしいのです。なるべく、早く、笑えるようにしなくてはなりません。

ほうっておいたのでは、笑えるようになりません。おかしい、おもしろい話をきかせるのです。

こどもにふさわしいおかしい話は、ほとんどないといってよいのです。いままでの家庭は話をしてやってこどもの耳をよくし、ひいては頭をよくするという考え方がなかったからです。

お母さん自身、おかしい話をきいて育っていないのが普通ですから、覚えている話はひとつかふたつしかなくても不思議ではありません。しかたがありません。お母さんが、そういう話を勉強するのです。本で読んでもいいでしょう。テープをきいても結構、ラジオ、テレビできいたものでもよろしい。忘れるといけませんから、そういう話を集めて、書きとめておくといいでしょう。

ここでは、見本として、いくつかのおかしな話、おもしろい話を紹介します。

○

おじさんが歩いていると、小さな女の子が泣いています。

「どうしたの?」

「お金なくしちゃったの」

「どこで?」

「それがわかるなら、見つけるワ」

おじさんがポケットからお金を出して、

「これをあげよう。もう泣かないで……」

女の子はおじさんをにらみつけて、

「おじさん、さっきからずっとかくしもっていたんでしょ？」

○

「一羽でもニワトリ《わ》というのおかしくない？」

「一羽でも千鳥というようなもの」

○

寒い冬の朝、町角に、ほとんどハダカみたいなおじさんが立っていました。

たまたま通りかかった人が、それを見て、

「キミ、それで寒くないかね」

とききました。その人は厚いコートをきていたのです。おじさんがいいかえしました。

「お前さんだって、顔は吹きざらし、ハダカじゃありませんか。あっしなんか、体じゅうが顔のようなもんだから……」

（これは、ユーモアですから、こどもにはすこし高級かもしれませんが、何度もく

りかえして話してやっていれば、こどもにもわかるようになります）

○

アメリカのある博物館にコロンブスの頭蓋骨がふたつあります。
ひとつは、こどものときのもの
もうひとつは、大人になってからのもの
と説明してあったそうです。

○

日本のあるところに、

「源頼朝幼少のころのしゃりこうべ」

というのがまつられているとか。

（しゃりこうべは、肉の落ちた頭蓋骨のこと）

○

一休さんはお寺の小僧さんでした。頭がいいというので評判でした。村の人たちが、ひとつ困らせてやろうと、橋のたもとへ、

「このハシ渡るべからず」

という立札を立てました。どうするかと村人は様子をうかがっていましたが、一休さん平気で渡ってしまいました。

村の人が、渡るな、と書いてあったのに、どうして渡ってきたのです？　とたずねますと、一休さんがいいました。

「ハシを渡るなとありましたから、マン中を歩いてきました」

○

一休さんのお寺の住職はたいへん碁が好きでした。碁の相手をする村の人と毎日のように碁を打っていました。その村人が長居をするので小僧さんたちが迷惑しました。

一休さんになにか名案を立ててくれるように頼みました。

一休さんが、山門に貼り出しました。

「獣類山門に入るを許さず（けものは寺の境内に立ち入ってはいけない）」、というのです。この碁好きのおじさんは、いつも上等の皮の羽織をきていました。

おじさんは平気でまたやってきました。どうして入ってきたときかれて、おじさん

が、

「お寺の中にだってけものの皮があるじゃありませんか。太鼓の皮をごらんなさい」

一休さん、にこにこしながら、

「それで、毎日、太鼓はたたかれています。あなたも、たたかれたいですか」


こういう話は、幼い子に意味がよくわからないかもしれませんが、はじめからわけを話したりしては、おかしくありません。何度ときかせていると、自然におもしろさがわかるようになります。

ユーモアは高級なことばの使い方から生まれるものです。一生、ユーモアを解しないで終る人がおびただしくあります。

幼いときに、おもしろい話をきいて、笑うことを覚えておけば、あとあと、どれほど心ゆたかな生き方ができるようになるか、わかりません。

笑いによって耳をよくし、頭をするどくするのが、これからの子育てです。

こどもに「寿《じゅ》限《げ》無《む》」

こどもは人のことばをきいて、きき分けて、知能を発達させていきます。同じことばでも、ユーモアのことばをきいて笑うことができれば、いっそう頭脳のはたらきをよくすると思われます。

笑いは健康にもよいといわれます。

難病でなかなか治癒しない患者たちに、定期的に落語をきかせるという試みをした病院がありました。

薬では改善しないデータが、落語をきくことをつづけている患者では、よくなるということが判明して、大きな反響を呼びました。笑う門には福きたる、ということわざもダテにあるのではないようです。

頭も体の一部、だというわけでもありませんが、笑うことによって、頭のはたらきが活発になることは充分考えられます。前に、ヨーロッパでは早く笑う子ほど頭がいいと考えることをお話ししました。

人と談笑していて、新しいことを思いついたということもあります。イギリスの十八世紀、ルーナー・ソサエティ（月光会）は、十名くらいのメンバーで、月一度、会合して、めいめいの着想をのべ合っていました。その歓談の中から、世界的発明、発見が、いくつも生まれたことは歴史上よく知られています。笑いが大きなはたらきをしたと思われます。

家庭のこどもには、談笑の話し合いをのぞむことは難しいでしょうが、おもしろい話をきいて笑うのはかんたんです。

前に紹介した、カルタも、おもしろいことはおもしろいのですが、すこし笑いが足りません。昔から日本では、こどもの笑うことのできる話がほとんどありませんでした。こどもたちはことばのおもしろさを知らずに、ことばで笑うこともなくて成長しました。

近年、こどもに落語をきかせる家庭がふえてきたのは、たいへん喜ばしいことです。さすがに新しい時代の親だけのことはあるといってよいでしょう。

なかでも、寿限無《じゅげむ》に人気があります。

この話は、ストーリーのようなものがありますけれども、幼い子には、話してやる必要はないでしょう。

生まれた子につけた滅法もない長い長い名前が目玉です。

それをきくだけでなく、覚えてしまうといっそうおもしろ味がわかります。落語では、いちいち講釈が加えられていますが、こどもには、必要ありません。ただ、寿限無という名前、そのものが、おもしろいのです。わけはわからなくとも、お経のように口でいっているだけで、おもしろさと感じられないおもしろさが伝わってきます。

その寿限無という名の本文（テキスト）は案外目にふれませんので、ここへ写しておきます。

寿限無、寿限無、五劫《ごこう》のすり切り、海砂利水魚《かいじゃりすいぎょ》の水行末《すいぎょうまつ》、雲来末《うんらいまつ》風来末《ふうらいまつ》、食う寝る所に住む所、ヤブラコウジのブラコウジ、パイポパイポパイポのシューリンガン、シューリンガンのグーリンダイ、グーリンダイのポンポコピーのポンポコナーの長久命《ちょうきゅうめい》の長助《ちょうすけ》

これは生まれた子の親にたのまれて寺の和尚が、長寿を願って、無量寿経《むりょうじゅ》という経文からとったことになっています。

親がわが子に、この長い名前を口うつしに教えるのはそれほど難しくありません。ただ、親の方でまず、よく覚えていなくては困ります。そして一気にいうのです。文字を見ながら読んでやる、いわゆる読みきかせでは、ことばの勢いが消え、おもしろくなくなってしまうでしょう。

口でいってみると、「の」というのが、なんと九回も出てきます。これがことばの調子をととのえていることがわかります。耳のことばにとって、「の」はたいへん大

切です。ほかの、たとえば、「も」や「は」を、二度たてつづけに使えば、耳について、おもしろくありません。一般に、同じ音をくりかえすことを好みませんが、「の」だけは例外で、いくらくりかえしても調子が崩れるということがありません。

寿限無をくりかえしいっていると、ことばのリズムが乗りうつってきます。それでおもしろいと感じられるのです。

考えるお話
――寓話は有益――

こどもは、お話をきくのが大好きです。夢中になって、ききます。ストーリーがのみこめれば、わかったことになります。筋を覚えて自分でも話せるようになれば、もう卒業といってよいでしょう。

もうすこし頭を使わないとわからない話もあります。一度や二度きいたくらいではわけがわかりませんが、ためになる教訓をふくんだ話です。

教訓は一般におもしろいものではありませんから、動物をかりて物語るのがあります。寓話です。幼いときに、おとぎ話だけでなく、寓話をきくというのはたいへん有益な教育で、こどもは一生それを忘れないでしょう。

寓話としてもっともすぐれているのが、『イソップ物語』です。イソップは紀元前六世紀の古代ギリシャの人だと伝えられます。いまでは、その寓話が世界中で親しまれています。こどもだけでなく大人のファンもすくなくありません。もともと、大人のために書かれたものだったようです。

『イソップ物語』にはいろいろな版本が出ています。それぞれ多少違ったものですが、あまり気にする必要はありません。

筋の通った、諷刺のきいたものを、いくつか紹介します。

○カラスとキツネ

カラスがどこからかチーズをくわえてきて、木の上にとまりました。それを見たキツネがいいました。

「ああ、すばらしい、あなたは姿もよいし、羽根の色もすばらしい。その上、声がよければ鳥の王さまになれます」

キツネがだまそうとしているとも知らないで、思い上がったカラスが大声で鳴きました。チーズは下へおちました。

「カラスさん、なるほど声はりっぱだが、ちえが足りないね」

（このあと、原典では「敵のことばを信用すると損をします」という教訓がついていますが、これは省いた方がよろしい。なお、カラスは悪声で知られているのです）

○肉をくわえたイヌ

肉切れをくわえたイヌが川をわたりました。下を見ると、川の水にじぶんのかげが見えましたが、それをほかのイヌがもっと大きな肉をもっているように思って、ひと声、ワンとほえました。もちろん、じぶんのくわえていた肉も川へおちてしまいました。

（これにも、「この話は、よくばりの人にしてやるといいのです、という結びがあり

ますが、これも落した方がいいでしょう）

○北風と太陽

北風と太陽が、どっちがつよいかといい争いをし、競争することにしました。向うから道を歩いてくる人の着物をぬがせた方が勝ちだ、ということにきめました。まず北風がやりました。ピュ～ピュ～、寒い風を吹きつけますが、その人は着物をおさえてはなしません。さらにつよく吹くと、もっていたほかの着物まで着こみました。北風は疲れはてて、太陽にかわりました。

太陽はあたたかな光を送りました。その人は着物がじゃまになりました。さらに太陽がつよく照ると、がまんできなくなって、着ているものをすべて脱いでしまい、近くの川へとび込み水をあびました。

（これには、「いい聞かせる方が、むりに押しつけるよりも効き目があります」という教訓がついていますが、これはこどもに聞かせない方がいいでしょう。話だけ話し

て、おしまいにします）

○キツネとブドウ

おなかのすいたキツネが、ブドウ棚からなりさがっているブドウを見て、ほしいなあ、と思いましたが、届きません。

あきらめて、そこを立ち去りながら、ひとりごとのようにいいました。

「あれは、すっぱいや」

（ここから、やせ我慢のことを〝すっぱいブドウ〟ということもあります）

○お医者とおばあさん

おばあさんが目をわずらいました。

お礼はしっかりしますといって、お医者に来てもらいました。

お医者はおばあさんに目薬をつけてやりましたが、お医者は来るたびにおばあさんが目をつぶっている間に、こっそり家の道具をひとつずつ盗んで帰りました。

家財道具がなにひとつ残っていなくなったとき、おばあさんの目もよくなりました。

お医者は約束のお礼をもらいたいといいました。おばあさんは、お礼をするのはいやだといいました。約束が違うといって、お医者はおばあさんを役人のところへつれていきました。

おばあさんが、目をなおしてくれたらお礼をするといったけれど、わたしの目は前より悪くなりました。その証拠に、

「まえは家の中の道具が見えたのに、いまはひとつも見えません」

といいました。

（これはユーモアがあってしゃれた小ばなしになっています）

いまから四百年ほど昔、日本へ来たキリシタンの宣教師が、『イソップ物語』を弟子に訳させました。それが『伊曾保物語』です。イソップは日本の昔話のひとつだと

いってもさしつかえないでしょう。四百二十六もの話がありますが、ここにあげたほか十篇くらいがとくに有名です。

多くなくてもよろしい。ここで紹介した五篇をくりかえしくりかえし話してきかせましょう。

このごろは読みきかせが流行していますが、できれば、お母さんが話を読んで大体を記憶し、それをお母さんのことばで話すのがよいでしょう。もし、前からお母さんの知っている話があったら最高です。

こどもの頭をよくしたいと思ったら、お母さんもいくらか勉強していただかなくてはなりません。

子育てによってお母さんは人間として成長するというのが理想的です。

百人一首のすゝめ

日本語のリズムは、古くから五七調、あるいは七五調といわれるものでした。詩歌のほとんどがこの調子によっています。近代になってこれを崩したリズム、散文的調子の詩がつくられるようになりましたが、なお、短歌、俳句、川柳などは七五調を守っています。

こどもの幼い耳に、この調子をなじませておくと、あとあと、思わぬ好影響がありま す。心のリズムというものは学校の国語で身につくということはありません。やはり幼いとき、耳できいて覚えるのがもっともよいでしょう。

リズム、調子を体で覚えるのですから、意味はいっさい問題にしません。意味はもっと知識がふえてからでないと無理です。

ことばの調子だけを幼児に学びとらせるということは、かつて、百人一首のカルタでみごとに行われました。

百人一首、くわしくは小倉百人一首は、いまから八百年も前、平安朝末期に藤原定家《ていか》という歌人、学者の撰んだものといわれ、明治、大正の人の和歌、短歌の教養の中心となる古典でした。

百人一首には、こどもが意味を知ったらおもしろくないような恋歌がたくさん含まれていますが、ずっと、それにかまわず、こどもにカルタとして遊ばせました。意味を無視する方針がしっかりしていたのはさすがです。

このごろでは、それほど割切って、リズムだけで歌を教えることは難しいかもしれませんが、耳のしつけのためであれば、ことばそのものを覚えることが大切で、意味は二の次であるのは変わりがありません。

意味を教えない方がよいばかりではありません。こどもが、どういう意味かをきいても、こまかくは答えないことです。親がしっかりした考えをもっていれば、こどもは意味などきいたりしないでしょう。

かつて漢文の勉強で素読《そどく》ということが行われました。ろくに、漢字も読めないような幼児に、『論語』とか『大学』といった中国の大古典を音読させました。意味はまったく教えませんでしたから、「素」読といわれたのです。

百人一首も、素読に近い読み方をしていたことになります。ことばは覚えますが、どういうことをいっているのか内容についてはまったく知らせませんでした。それで充分、ことばの教育になったのです。

百人一首にはたいへん有名な歌がたくさんありますが、カルタで遊ぶのでなければ、お母さんが読んで、こどもにきかせ、覚えさせることができます。

ここでは、有名な歌を十首ほどとりあげます。これだけ覚えていれば充分だと思います。

春過ぎて　夏来にけらし　白妙《しろたえ》の

衣干《ころも》すてふ《(ちょう)》　天の香具山《かぐやま》　（持統《じとう》天皇）

（作者の名をこどもに覚えさせる必要はありません）

田子《たご》の浦に　打ち出でて見れば　白妙《しろたえ》の
　富士の高嶺《たかね》に　雪は降りつつ　（山部赤人《やまべのあかひと》）

天《あま》の原　ふりさけ見れば　春日《かすが》なる
　三笠《みかさ》の山に　出でし月かも　（安倍仲麿《あべのなかまろ》）

君がため　春の野に出でて　若菜《わかな》つむ
　わが衣手《ころもで》に　雪は降りつつ　（光孝《こうこう》天皇）

心あてに　折らばや折らむ《(ん)》　初霜の
　置《お》きまどは《(わ)》せる　白菊の花　（凡河内躬恒《おおしこうちのみつね》）

久方《ひさかた》の　光のどけき　春の日に
しづ《(ず)》心なく　花の散るらむ《(ん)》　（紀友則《きのとものり》）

人はいさ　心も知らず　ふるさとは
花ぞむかしの　香《か》に匂《にお》ひ《(い)》ける　（紀貫之《きのつらゆき》）

大江山　いく野の道の　遠ければ
まだふみもみず　天《あま》の橋立《はしだて》　（小式部内侍《こしきぶのないし》）

いにしへ《(え)》の　奈良の都の　八重桜《やえざくら》
けふ《(きょう)》九重に　匂《にお》ひ《(い)》ぬるかな　（伊勢大輔《いせのたいふ》）

さびしさに　宿を立ち出でて　眺むれば

いづ《(ず)》こも同じ　秋の夕暮《ゆうぐれ》（良暹法師《りょうぜんほうし》）

はじめはお母さんがいうのをこどもにきかせます。すこしなれてきたら（何回もくりかえしきかせたあと）、お母さんが上の句、

春過ぎて　夏来にけらし　白妙の

をいったら、こどもに下の句、

衣干すてふ　天の香具山

をいわせます。こうして、うたあそび、耳のカルタとりをすることができます。こどもは喜んでします。さらによく覚えたら、お母さんが、

富士の高嶺に　雪は降りつつ

という下の句をいって、上の句をこどもにいわせるようにすることもできます。

やがて覚えてしまうでしょう。そうしたら、さらに、

天の原

心あてに

といった初句をいうだけで、あとをいわせてみるのもおもしろいでしょう。

こうすれば、和歌の十首や二十首はあっというまに覚えてしまうのが、こどもの耳です。

このごろは、カルタをとるという遊びはすたれてしまったようですが、文字を書いたカルタをひろうのではなく、口でいって、声で答える、声のカルタはたいへん有効な耳の訓練になります。

なぜ？　どうして？
――こどもの質問にどう答える――

昔話、童話にも筋、ストーリーがありますが、プロットのはっきりしないものがすくなくありません。話のつながりが不自然だったり、飛んだりしている話がいくらでもあります。そういう話だけいくらきいても、頭の理解力はつきません。あまりにも情緒的です。もっと理知的でないと、こどものためになりません。

お母さん自身、そういう情緒的な話が好きです。理屈っぽいのはおもしろくないと思っています。すくなくとも、これまでの母親にはそういう傾向がみられました。新しい時代、知的教育をたっぷり受けたお母さんたちは、もっと知的な話を好んでもよさそうに思われます。

知的といっても別に面倒くさい理屈ではありません。因果関係がはっきりしているのが知的です。

ごく簡単な例をあげます。

「風が吹くと桶屋が喜ぶ——といいます。どうしてでしょう?」

謎々のようですが、そうではありません。理由があります。

まず、つよい風が吹きます。すると、ゴミや砂が舞い上がります。

それが歩いている人の目に入ると、目をわずらいます。よくならないで、失明する人が出ます。

目の見えなくなった人は、かつては、三味線を習い、その芸で身を立てる人が多くありました。

三味線の胴はネコの皮で張ります。三味線が多くつくられると、ネコがたくさん捕えられることになります。ネコがへります。

ネコがすくなくなればネズミは大助かりです。ネズミがどんどんふえます。

たべるものがなくなると、ネズミは桶をかじり穴をあけます。穴のあいた桶はつかいものになりませんから新しい桶を注文します。それで、桶屋は商売繁昌で、大喜び、というわけです。

昔の話ですから、いま考えると、いろいろおかしなところもありますが、とにかく、なんとか理屈が通っています。

AがあってBがおこり、BがおこるとCになり、CはDの原因になって……というように因果関係がみとめられます。すると、なんとなくおもしろく感じられるのですが、それはこどもも例外ではありません。これが知的興味というものです。学校の勉強も、知的興味をもってすれば、よく進むでしょう。学校へ行かない幼いうちに、こういう、どうして、そうなるかという筋道を追う話をきかせておくのはたいへんいいことになります。

ときには、こどもの方から、なぜ？　ときいてくることがあります。これは、絶好のチャンスです。喜んで、応じてやらないといけません。

実際、お母さんが手をはなせないことをしているときだったりすると、こどもの〝なぜ？〟にじっくりつき合っているヒマがないかもしれません。また、時間はあっても、うまく話せないこともあるでしょう。そういうときは、

「あとでゆっくりお話ししてあげますからね」

とか、

「お父さんの方がよく知っていらっしゃるから、今夜、きいてみましょうよ」

などといって、お預けにするのです。うるさがって、質問をじゃまにするようですと、こどもはだんだんお母さんに〝なぜ？〟ときかなくなってしまいます。

ある雨の夜のことです。母子が、すいたバスの前方の座席にいました。

バスが赤信号で停止しました。

すると、ヘッドライトに照らし出されて傘をさした歩行者がバスの前を左右に行き来します。
三、四歳くらいの男の子がお母さんにききました。
「信号が赤なのに、どうして、あの人たちは、わたっているの？」

さて、お母さんはこまりました。まわりにいた乗客も、お母さんが、なんというか、きき耳を立てているようでした。お母さんは、それを意識したのかどうかわかりませんが、不機嫌な調子で、ぶっきら棒に、

「あの人たちの信号は青だからよ」

とだけいって、あとの疑問を封じてしまいました。男の子は、

「へんなの」

と納得しませんでした。せっかく、なぜ？　という質問を出したのに、まともに受けとめてもらえなくてかわいそうでした。

お母さんにしてみれば、突然、そんなことをきかれても、日頃、考えたこともないだけに、答えに窮するのは、むしろ当然です。しかし、ほかの乗客の手前を気にしたりすることはありません。ほかの人たちだって、うまく答えられないでしょうから。

また、ある日、JRの山手線の電車に、やはり、お母さんが四歳くらいの男の子と乗っていました。二人はドアのところで立って、外をながめていましたが、突然、こどもが大きな声でお母さんにいいました。

「ねえ、お母さん、ここの屋根、どうして、みんな下の方にあるの？」

電車は高架線を走っていました。外を見ると民家の屋根がずっと下の方に見えます。いつも屋根は上の方にあります。ここの屋根はどうして下に見えるのか、こどもの疑問は当然です。

さて、お母さん、なんと答えるか、興味をもってきいておりますと、お母さんはすこしもあわてずに、

「おもしろいことに気がついたわね。この電車が、屋根より高いところを走っているから、下に見えるんです。

ピアノの上の台は、下から見ると、見えないけど、高い椅子の上に立って見ると、下の方に見えるでしょ？　それと同じことよ。電車が駅へ入れば、駅の屋根はやっぱり上の方に見えます」

そんな風に話していたようです。こちらはきいていて感心しました。この子はいいお母さんをもって幸せだと思いました。

5章

耳の遊び

九九で培った日本人の計算力

このごろのスーパーやコンビニでは、買いものの勘定はすべてレジでします。店員が、品物についているタグを電話の受話器のようなものにあてますと、自動的に値段が読みとられて、合計がでる仕組みです。頭はまったく使わないで、手だけ動かしていればいいのです。店員の計算能力はほとんど必要がないようなもので、それで済んでいるのですから、気楽なものです。

かつては、すべてが暗算でした。

昔の八百屋さんは、夕方になると、買いものの主婦でごったがえします。そのころ小僧さんといわれていた店員は大忙しです。

こちらの奥さんは、人参三本、大根一本、ナス五コ、トマト三コ、などをさし出して、〝おいくら〟、といいます。店員は、あっというまに、全部で、五百三十円、という計算を暗算でしてしまいます。お客はいわれるままお金を払うのです。小僧さんの計算は信用があるのです。

そういう光景を見たある外国の婦人がひどくおどろいたそうです。たいした教育を受けたとも見えない少年店員があんな複雑な足し算のできるわけがない。きっといい加減にごまかしているのでしょう。それなのに客が平気で金を払うのはおどろくべきことだ、というのです。

それはこの婦人に限らず外国人が暗算が下手だからです。一般に、欧米の人は引き算がうまくできないようです。

かりに、お客が九〇ペンスのものを買って、一ポンド（一〇〇ペンス）出したとします。一〇〇ペンスから、九〇ペンスを引けば一〇ペンスですから、お釣りは一〇ペンスになりますが、暗算、引き算の苦手な向うの店員は、まず、買った品物の上に、一ペンスずつ金をおいて、九一、九二、九三、九四……一〇〇となると、そこで客の出した一ポンド、一〇〇ペンスと交換します。〝釣り〟ではなくて交換です。

そういう人たちの店で買いものをするときに、同じ品物をいくつも買いますと、店員はこまります。三〇ペンスのものをあちこちへの土産にしようと思って、八コ買うとします。日本人の客は、八コも買ってあげるのだから、店は喜ぶと思うかもしれませんが、向うでは、面倒なことをしてくれると思うようです。

三〇ペンスのものを八コなら、サンパ二四で、二四〇ペンス、二ポンド四〇ペンスになることは、日本人ならよほど学校で算数が苦手だった人でも、できないことはないでしょう。イギリスの多くの店員にとって、三〇ペンスのもの八コがいくらになるかを暗算で計算できません。紙を出して、鉛筆かペンで筆算を始めます。

パリで、土産物に、同じ香水をたくさん買った日本人が密輸の疑いをもたれたという笑い話がありますが、店員が計算能力のないことが、誤解を生んだというわけです。そういうところだからこそ計算機というものがいち早く発達したのだ、といえるかもしれません。

日本人が暗算ができるのは、昔から、ソロバンと九九ができたからです。このごろは電卓のせいで、ソロバンの影がうすくなってしまいましたが、ソロバンがうまくできるには暗算の能力が必要です。ソロバンの上級者はとんでもない大きな数字と数字の掛け合わせを暗算でしてみせます。

読み上げ算というのは、たいへんなスピードで読み上げられる数字を目もとまらぬ速さでソロバンの珠であらわしていきます。

「願いましては、一万三千四百五十円ナリ」といわれたら、一、三、四、五の珠をうごかす。

「五千三百二十七円ナリ」

「三万トンデ八百九十六円ナリ」

これをききまちがえたらたいへんです。アテンションです。耳で記憶するのです。ソロバンは聴覚的理解力、計算力を高めるのにもたいへん役に立ちます。

それが、電卓、コンピューター、レジなどによって、すたれようとしています。前にもいいましたが、残念なことです。

日本のこどもは、外国のこどもと比べて、計算能力がきわめてすぐれていますが、ソロバンの教育と無関係ではないと思われます。

日本ではソロバンが消えようとしていますが、台湾では、算数教育の一環として、日本からソロバンを輸入して、こどもたちに教えているようです。

ソロバンは消えようとしていますが、なお日本のこどもの計算能力は、国際的に見て優位にあります（そのかわり、というのもおかしいのですが、文章題の応用問題ではたいへん成績がよくなくて、ランキングは中以下のところを低迷しています）。

日本のこどもの計算能力の高さを支えているのは九九です。外国人が計算が下手なのは九九が欧米にはないからです。

日本の小学校では、低学年のときに、九九を教えます。暗誦できるようにします。これは理屈ぬきに、お経のようにして覚えてしまうのです。

昔から、九九をうまく教える先生はあまりいなかったようです。こどもたちが、勝手に覚えたものです。このごろのこどもは、九九をバカにしているのかもしれません。電卓があればいらないというのでしょう。家庭もそういう考えですが、これはこどもの頭脳をよくするのに大きなマイナスになります。

私は、原則として、小学校へ入る前のこどもに、家庭であれ、幼稚園であれ、小学校の教科、学習の先取りをするようなことには反対です。幼稚園で、文字を書かせたり、読ませたりするのは余計なことで、へたをすると、小学校へ入ってからの、学習に緊張感をなくし、勉強の妨げになると思っています。

そういう中で、九九だけは例外です。これは耳のはたらきをよくできます。耳の知能を高めることになります。四歳、五歳になったら、うたのようにして、九九を覚えてしまうと、一生、役に立つだけでなく、耳の能力、はたらきをよくすることにもなりましょう。

道筋遊び

はじめての人がたずねて来ようとしているのですが、道がわかりません。駅の前から電話をかけてきます。それに答えて、いいます。

「いま駅にいらっしゃるのですね。前を大きな通りが走っていますから、これを横断してください。そうしたら、右へ二〇〇メートルくらい歩くと信号があります。そこで左へ折れてください。まっすぐ行きます。信号があります。二つ目の信号を渡って、二〇メートルさきを左に曲って、左、二軒目が、うちです。おわかりになりましたでしょうか。くりかえしましょうか」

たいていの人が、

「いいえ、結構です。わかりました」

といいます。三、四分すると、また電話がかかってきて、

「わたしいま、どこにいるでしょう。公園らしいところと、学校の間ですが、信号がいくつもあります」

この人は、はじめの大通りに添って、二〇〇メートルでなく五〇〇メートルもさきまで行ってしまったのです。

「では、そこにいらしてください。いま迎えにいきます」

こういうことを、何度くりかえしたかわかりません。きく方の耳がはっきり、ききとっていないのです。耳の記憶力が貧弱で、いまきいたことをすぐ忘れてしまいます。年をとると、さっききいたことを、すぐ忘れますが、若い人でも、耳の記憶の悪さは老人とあまり違いがありません。

やはり、幼いとき、耳のしつけをしっかりしなかったせいで、耳が悪いのです。それを一生気づかずに生きている人が多いのです。人生の損失です。

会合などの会場が、すこしわかりにくいときは、案内図が送られてきます。これさえあれば迷うことはないと思って出かけますが、地図がまるで役に立ちません。あっちでき き、こちらできいて、やっと、たどりつくということがよくあります。

案内図をつくる側が、実地をふんで書くのなら、こんなことにならないのですが、頭の中で思い出して地図をつくるから、役に立たないものになるのです。目の記憶がわるいのですが、それだけでなく耳の記憶もよくないのです。それで、図面が不正確になります。

道順は、道筋をはっきりさせることですから、ひとつの論理です。理屈の一種です。道順をきいてのみ込むのは、耳の理解力です。一度きいた道順が、しっかり頭に入るのは、耳が論理的にすぐれている証拠です。

この点で、欧米の人に比べて、日本人ははっきり劣っているように思われます。耳の記憶が弱いのです。

外国の映画を見ていますと、電話をかけている人が、相手から電話番号をきいて、その場でそこへ電話をかけるというシーンがときどきあります。

電話を切ると、すぐその番号をまわしはじめます。メモをしたりすることはありません。そしてめったに間違えません。

われわれの間ですと、はじめての番号はたいてい、メモします。そのメモすら書きちがえたりします。メモしないで、宙《ちゅう》でかけると、よく間違えます。ほんの二、三十秒の間ですら、きいた数字を耳が覚えていられないのですから、相当にできの悪い耳だというべきでしょう。しかし、お互いがみなそうですから別にどうということもなく、気が楽です。

数字でさえ、そうですから、筋道の筋、論理を頭に入れるのはきわめて困難になります。外国人とこみ入った会話などでいかに多くのものをききのがしているかしれません。いくら、「こんにちは」「はじめまして」という会話を練習しても、実のある会話がわかるようにならないのは、この耳の悪さが大きな原因です。

これから国際的な活動をしなくてはいけないいまの幼い子たちは、どうしても、耳を磨いておかなくてはならないでしょう。

どうしたら耳を賢くすることが出来るか、これまで、考えたこともありませんでしたから、よい方法のあるわけもありませんが、こんな遊びをしてみてはどうでしょう。お話で、実際に行くのではないのですが、たとえば、動物園へ行きましょう、という遊びをするのです。

「お話の動物園へ行きます。ボクがひとりで行きます。行き方をいいますから、よく覚えておいてください。いいですね、ではじめます。

――うちを出て、歩いて、駅まで行きます。駅へ着いたら、トラのもんまでのこどもの切符をかいます。大山行きの電車にのります。小川行きでは反対の方へ行ってしまいます。注意してください。駅五つのると、トラのもんに着きます。そこで降りて、駅を出て、前の大きな通りを歩いて行って、二つ目の信号を右へ入ると、つき当りがトラのもん動物園です。――

さあ、ひとりで行けるかな。いまの道順、いってみてください」

うまくいえないでしょう。ききとりが悪いのです。もう一度くりかえしてきかせて、いわせます。それでもまだ行けないでしょう。

「それではトラのもん動物園は行けません。もう一度いうから、きいていてね」

何度かしていて、間違いなく、答えられるようになったら、かならずほめてやるようにします。

「よくできたわね。えらい。あなたは、頭がいいのよ。よくきけば、わかるのよ、かならず」

こういうことをしていれば、自然にこどもはお母さんのいうことをよくきく習慣を身につけることができます。

電話ごっこ

知り合いのうちへ電話をかけますと、かわいい声が出ます。「もし、もし」

「オカモトですが、おとうさん、いらっしゃいますか」

この返事がいろいろです。

「わかんない！」

というのがすくなくありません。なにをきかれているのか、わからないのです。まだ
聴く力がついていないのです。

すこし、わかる子ですと、

「いません」

「います」

と答えることができます。

「できません」

などといわれたら、かけた方は、あきらめて、電話をきるでしょう。

「います」

だったら、

「お父さんをよんでください」

といいますが、これも、わけがわからない子がすくなくありません。頭のいい子は、

「お父さんをよんできます」

と答えられます。この子はふだんは、お父さんをパパとよんでいるのです。よそのおじさんが、「お父さん」といったのが「パパ」のことだとホンヤクできるのは、かなりの頭のはたらきです。かけた方は、

「ありがとう。お願いします」

というようなことをいって、こどもを認めてやらないといけません。ほめられると、こどもは自信をもつようになります。こどもが、大声でさけびます。

「パパ、パパ、でんわ！」

ここで、

「おまちください」

と受話器をおいて、お父さんを呼びにいくことができたら、もう大人なみです。

電話を受けるのは、何回かしていれば、うまくできるようになりますが、こどもを電話番にするのは、なるべく避けた方がよいでしょう。かけた人によっては、こどもの応対をかわいい、とは思わないで、不快に感じる人もあります。

しかし、電話は、ことばを覚えるのに、たいへん役立ちます。実際に電話がかけられないのなら、遊びでやってみるのです。電話遊びです。ことばをしっかりきくくせがつきます。

お母さんが、モモ太郎になります。こどもにおサルさんになってもらいます。お母さんからかけます。

「もし、もし、こちらは、モモ太郎です。あなたは、おサルさんですか」

ここで、

「ちがう、ボク、ユーキだい」

などといってはいけません。いまは、おサルさんになっているのだということを話してきかせます。それで、

「はいそうです」

といってもらいます。

「鬼のいる島へ、鬼退治に行きませんか。行くなら、きびだんごをあげます」

モモ太郎の話をまったく聞いたことのない子は、こういわれても、ぴんと来ないでしょう。しかし、なんとか返事ができたら、りっぱです。

「いっしょに行きます。きびだんご、ください」

と受けられたら、よくできたね、とほめます。

こういう作り話の電話ごっこをすると、聴きとりの力がぐんぐん伸びます。知能もそれにつれてよくなります。

同じくらいの年齢のこどもが三人か四人いたら、別の電話ごっこができます。紙で丸い筒をつくり、その先に細いひもを紙ではってつけ、そのひもの先へまた同じような筒をつくり、そこへそのひもをのりでくっつけます。こういうふうにひもでつながった筒を六つつくるのです。この筒が、電話の受話器のつもり、ひもは電話線のつもりです。

三人のこどもがめいめい両手に、筒をもって、円陣をつくります。

ひとりの子が、となりの子へ電話をかけます。

「もしもし、ボク、きょう、ゆうえんちへ行きます。このことを、となりへ、電話でつたえてください」

受けた子は、

「たっちゃんが、きょう、ゆうえんちへ行きます。このことをとなりへ、電話でつたえてください」

〝ボク〟が〝たっちゃん〟に変わらないといけないのです。これがわかるのはなかなかたいへんなことです。

三人目のこどもが、はじめの子のところへ電話します。

「たっちゃんが、きょう、ゆうえんちへ行きます。これをつぎの人につたえてください」

はじめにいったことが、間違いなく、伝わってくれば、成功です。もし、違っていたら、もう一度、同じことをくりかえします。

何人かがリレー式にことばを伝えると、かならずといってよいほど、話が変わってしまいます。耳がしっかり聴きとり、記憶していないからです。

間違いなく聴きとり、それを正しく伝えるというのは、意外に難しいものです。幼いときに、遊びを通じて、それができるようになっていればすばらしいことです。

尻取り

このごろのこどもはあまり尻取り遊びをしないようですが、ことばを覚えるのにはいい遊びです。

七十年くらい前、昭和十年から五年ほど使われた小学国語読本の中に〝しりとり〟という課がありました。

太郎「ゆき子さんからはじめてください」

ゆき子「ではいいますよ。スズメ」

花子「めだか」

太郎「かや」

とあります。

ここのように二人以上のこどもが、前のもののいったものの名の語尾の一つの音を使って、次の人が、それを語の頭において、別のものの名をいうのです。

ことばを思い出します。日ごろから、尻取りのために、ものの名を注意するということもあるでしょう。しっかり聴きとらないといけませんから耳の訓練にもなります。昔の人はおもしろいことを考えたものです。

このごろは、友だちがすくなくて、みんなで尻取りをすることがすくなくなったのかもしれません。お母さんとこどもで、尻取りをしてみるとおもしろいでしょう（いまのお母さんは、〝尻〟というような〝下品な〟ことばがきらいですから、呼び方を変えなくてはいけないかもしれません）。

母子尻取りは、まず、こんな風にすすめます。

母「ネコ」

子「コイ」

母「イス」
子「スイカ」
母「カラス」
子「スズメ」
母「メダカ」
（こどもがメダカを知らないかもしれません。そしたら、教えます。「めだかの学校」などをうたってもいいでしょう）
子「カサ」
母「サクラ」
子「ラッパ」
母「パイナップル」
子「ルのつくことば、わからない」
母「じゃ、お母さんのかち」
何度もやっていると、だんだんうまくなり、なるべく相手がつけられないような語尾をもったことばをいうようなことまで考えるようになります。

昔は尻取りうたというものがあり、大人もそれに興じました。

尻取りが、前の人の語尾の音をつぎの人が語頭へもっていってつづけるのですが、尻取りうたは、前の句の末尾を次の句の頭へおいてことばをつらねていく遊びです。江戸時代にはずいぶんさかんに行われました。そのころの代表的なものをあげますと

――

「ぼたんに唐獅子《からじし》　竹にとら
とらをふまえて　和藤内《わとうない》
内藤様は下《さが》り藤《ふじ》（紋所）
ふし見西行　うしろ向き
むき身はまぐり　ばかはしら
柱は二階と縁の下
下谷上野《したやうえの》の山かつら
柱文治ははなし家で

でんでん太鼓に笙《しょう》のふえ……

といった調子で、とてもいまどきのこどもには合わないでしょう。いくらか、尻取りうたに近いものに、「あんたがたどこさ」というわらべうたがあります。前にも紹介しましたが、尻取り歌の一種として、もう一度引き合いに出します。

あんたがたどこさ　肥後さ
肥後どこさ　熊本さ
熊本どこさ　せんばさ
せんば山には　狸がおってさ
それを猟師が　鉄砲で撃ってさ
煮てさ　焼いてさ　食ってさ
それを木の葉で　ちょいとかぶせ

音でも、文句でもなく話をつづけていくところが尻取りばなしだとも考えられます。これは因果関係の尻取りといってもよいでしょう。

これも、前に引き合いに出した話ですが、〝風が吹けば、桶屋が喜ぶ〟が、これに当ります。

風が吹きます。
風が吹くと、砂ぼこりが立ちます。
砂ぼこりが立つと、砂が目に入ります。
砂が目に入ると、目が見えなくなります。
…………

というようにつづけていくのです。

こういうことば遊びはお母さんの創作がよいのです。考えて、おもしろい、尻取りうた、尻取りばなしをこしらえて、こどもにきかせてやりたいものです。
こどもの耳がそれで、鋭く、賢くなることは間違いありません。

ことばの駅伝

いま行われているスポーツは柔剣道などをのぞけば、ほとんどが外国から入ってきたものです。

その中で、日本で生まれた競技スポーツがあります。駅伝競走です。

一九一七（大正六）年、読売新聞社が主催して行われた、京都三条大橋から、東京上野不忍池《しのばずのいけ》までの五〇八キロを、二十三区間、二十三人でリレーしたのがはじまりでした。

いまは、東京―箱根往復関東大学駅伝（一九二〇年開始）がもっともよく知られていますが、ほかにも、各地で各種の駅伝競走が行われています。近年は女子レースもさかんになり、国際女子駅伝が人気を集めています。

それを見て、アメリカが、やはり駅伝をはじめました。そして、それを「ザ・エキデン」と呼んでいます。国際的スポーツになったといってよいでしょう。

ひとりを五キロから一〇キロ、長くても二〇キロを走り、次のランナーにタスキを渡すのです。マラソンより変化があって、チームワークがものをいうところが、見ていてもおもしろいのです。

これをまねて、ことばの遊びをします。耳の訓練にたいへん有効です。前に、復誦ということをしましたが、ことばの駅伝をすればごく自然に復誦ができます。

ただ、母子ふたりでは、駅伝になりませんから、四、五人の友だちを集める必要があります。

五人のこどもでするとしましょう。

はじめのこどもは、駅伝のタスキに当るメッセージを教えてもらいます。たとえば、「モモ太郎は明日の朝、サル、キジ、イヌをつれて、鬼ガ島の鬼せいばつに出発します」

というようなタスキのことばをもらって（大人が教えます）、はなれたところにいる、次の子に、このタスキ＝メッセージを、そっくりそのまま伝えます。二番目の子は三番目の子のところへ行って、メッセージを口うつしに伝えます。こうして、三番、四番、五番とことばをつないでいきます。

五番目の子は、はじめの子のところへ来てひきつがれてきたタスキことばを伝えます。はじめの子がいった通りのことばが返ってくれば、このチームは勝ちです。もし、違ったことが伝わってきたら、負けになります。

家庭ではむずかしいかもしれませんが、幼稚園なんかでは、してみるとおもしろいでしょう。

毎回、新しいメッセージ、タスキが必要ですが、同じものをくりかえしてもいいでしょう。すこしなれたら、こみ入った話をリレーするようにします。たとえば、

「北風と太陽が、腕くらべをしました。向うから来る旅人の着ているコートを脱がせた方が勝ちということで競争しました。

はじめは北風がしました。ピュー、ピュー吹いて旅人の着ているものを吹き飛ばそうとしましたが、旅人はコートをおさえて飛ばされないようにしました。脱がせることはできませんでした。

次は太陽の番です。太陽はあたたかい光をそそぎました。旅人は暑くてたまらず、着ているコートを脱いでしまいました。

北風の負け、太陽が勝ちました」

これは、モモ太郎の話よりこみ入っていますから、途中で、話が消えてしまうかもしれません。何度もやって、うまく、はじめの話が最初のところまで返ってくるようになったら、たいしたものです。

そういうお話ではなく、実際の話、注意ごとなどを、このことば駅伝のタスキ＝メッセージに使って、しっかり頭に入れさせることもできます。

「あすは、遠足です。九時に幼稚園の入口のところへ集まってください。お弁当を忘れずにもってきてください。お菓子はひとつだけにしてください」

これを、こどもたちを何グループかに分けて、めいめいリレーをします。そして、あとでお母さんにその通りを伝えるのです。

こういうことばの駅伝で、こどもの耳はよくなります。大事なことを忘れたり、間違えたりすることがすくなくなるはずです。半分あそびながら、耳のしつけをします。その効果はこどもの一生つづくと見てよいでしょう。

6章

アテンション・プリーズ

（「よくお聴きください！」）

楽《がく》音《おん》で心を育《はぐく》む

耳は身のまわりの音をきくためにあります。目は前方のものしか見えませんが、耳はうしろの方の音もきくことができます。ものかげで見えないところから出る音もきこえます。目は明るいところでないと見えませんが、耳は暗くても平気です。

しかし、耳の聞くのは快い音ばかりではありません。いやな音、危険な音、騒音、雑音もききとります。そういうよくない音ばかりきいていれば、耳は粗雑になり、よくきこえなくなります。ひどい騒音をたてる機械を使って仕事をする人が、しばしば耳がおかしくなりますが、不思議ではありません。

耳を洗練させ、感受性を高めるには、快い音を聞くようにしなくてはならないでしょう。

もっとも快適な音は楽音、つまり音楽の音です。自然の中ではめったにきかれない美しい楽音をなるべく早い時期の幼児にきかせることは、情操教育としてもたいへんすぐれていると思われます。

楽音は耳をよくし、心をやわらげる効果がありますが、古来、日本だけでなく、外国でも、楽音で、こどもの耳をよくし、気持をやわらげ、心を癒すということをしっかりやってきませんでした。

一部、将来、音楽家になろうとするこどもというより、こどもを音楽家にしようと望む親が、幼児期から音楽の稽古をさせる例はすくなくありませんが、一般には、せいぜい、子を寝つかせるために子守うたをうたってきかせるくらいのことしか、しないできました。

耳の教育はずいぶん、なおざりにされていたことになります。

こどもは、生まれて間もなくから、ことばをきかされて、急速に、ことばを覚えます。これも耳のはたらきですが、さらに音を純粋にききとるには、ことばは不完全なものですし、耳をよくすることも充分には出来ません。やはり、楽音を組織的にきかせる必要があります。

それには音楽です。

音楽、というと、すぐ、では、ピアノを習わせるか、ヴァイオリンにするか、となるのが普通ですが、幼い子に、ぶっつけに楽器を使わせるのが、本当に、音楽の基礎教育になるのかどうか、たいへん疑問です。

こどもが自分で、音をつくるようになる前に、たっぷり楽音に親しませておくことがより大切です。

音楽をきかせるのなら、赤ん坊のときから始められます。このごろは、CDやMDがあって、音楽をきかせるのは、いともかんたんになりました。

おっぱいをのむときは、モーツァルト、ねむるときにはシューベルトときめておきますと、モーツァルトの曲をきくと、条件反射的におっぱいをのみたくなるかもしれません。そうしてのませてもらった母乳は、よりよく消化して健康にもいい影響を与えることになるでしょう。ことに寝つかせるときに静かな曲を低音できかせるのは心理的にもたいへんいい効果があります。

幼稚園でも、音楽をもっと積極的にとり入れることを考えたいものです。

朝、登園してくるこどもたちを迎えるのには、明るい軽快なリズムの音楽を流します。それでこどもがなんとなく心はずむようになればしめたものです。やがて、こどもは、そのメロディによって幼稚園の一日を彩ることを覚えます。

ひるの時間、弁当や給食を食べるときにもまた、たのしい音楽を流します。

こどもたちは、おしゃべりしながら、弁当を食べることを喜びますが、口をうごかしているときに、ものをいうのはよくありません。だまってよく嚙むことに集中すべきです。ただ、耳は遊んでいますから、よい音楽をきいてもらうようにするのです。

ヨーロッパの貴族は、かつて、みんなで食事をするときに、隣の部屋に楽人をはべらせ、静かな音楽を演奏させました。それをききながら食事をすれば、おいしさもひとしお、消化もよく、最高の食事になります。たいへんなぜいたくで、一般には思いも及ばなかったことですが、いまならそれに近いことをするのは何でもありません。

食事をしているこどもに、たのしい音楽を流せば、昔のヨーロッパの貴族と同じことがかんたんにできます。

家庭でも、一日のうちの節目、節目で、きまったテーマ音楽があるとよいでしょう。こどもは、そのメロディを合図にして朝の洗顔をする、食事をするといったことが自然にできるようになるでしょう。夜、寝るまえには、子守うたの音楽をきかせますと、それが催眠効果をもつようになります。いちいち、言いつけなくても、自然に、そうしたくなるでしょう。いつしか豊かな心をはぐくむことになります。

これまでの子育てでは、よい音楽で、よい耳を育て、その耳によって、美しい心をはぐくんでいくということが、ほとんど考えられていませんでした。

耳のよい子は、頭がよくなるだけでなく、情操も豊かになります。これも、小学校からではおそいでしょう。ごく幼いときから始めなくてはなりません。これまでのこどもが受けてこなかった耳の教育です。それを教えればかつてなかったような才能を発揮するこどもがあらわれることが期待されます。

近年、音楽教育はずいぶん進歩しましたが、それは、音楽そのものを学ぶ学習、稽古でした。耳をよくし、頭をよくし、心をやさしくする音楽をごく幼い時期から空気のように与えるという教育はまだ行われておりません。耳をよくするための、心をはぐくむための音楽には、なるべく早い時期から親しませたいものです。

先聞後見
――目より先に耳の教育――

昔の能楽師であった世阿弥という人が〝先聞後見〟(『風姿花伝』)ということを教えています。

まず、声であらわして、そのあと、姿にして見せる、ということのようです。くわしいことはともかく、耳への訴えが、目に見せるのよりも先であるというところに注目したのがおもしろいと思います。

こどもの頭脳は、耳からきくことばによって、まず発達をとげるようになっているようです。ものごころは、ことばを聞いてつけられるというわけです。昔の人のいった〝三つ児の魂〟も聴覚のはたらきによって、はぐくまれると考えられます。

幼児は、文字を知りません。知能を高めるには耳のことば、音声しかありません。こどもは、耳に集中して、理解力、記憶力を増進させようとしています。耳でどんどんものを覚えます。

学校へ行くようになって、文字を習い、目の理解力がつくようになりますと、耳は耳だけでものごとを頭に入れなくても、目が助けてくれるので気を許し（?・）ます。耳の記憶力は幼いときほどよくはたらかなくなります。文字を知らない幼い子の方が、文字を知っている年齢の子よりもはるかに、もの覚えがよいのは当り前のことでしょう。ことばもどんどん覚えます。

（目の理解は文字によって行われますが、コピー機器が出来て、なんでも、そのままを複写できるようになりました。それで目の理解、読む力ははっきり落ちました。しっかり読まなくとも、コピーがあるというので気がゆるむからでしょう）

年をとった人が、ごく幼いときのことを、後々のことより、はるかによく、鮮かに覚えているのも、幼いときの耳の知能と記憶は、あとの目の記憶より強いということを物語っているといってよいかもしれません。

耳のことばの教育、きき方のしつけは、文字を教え、文章を読む学習が始まるより、早い段階で行われなくてはならないようになっているのは決して偶然ではありません。どんな変わった家庭でも、赤ちゃんに文字からことばを教えようなどということはかつて一度もありませんでした。

近年、耳のきき方のしつけ、訓練をおろそか、なおざりにしておきながら、すこしでも早く文字を教えたがる家庭がふえたのは、自然の理に逆《さか》っていることになります。「幼児は、さいわいにまだ、文字を知りません。ことばは耳できく声だけです。それだけ、ことばに神経を集中しやすいはずです。

こどものことばの教育は、こどもが、神経を耳に集中させて、よくきくようにするにつきるといってよいでしょう。それでこそ、こどもは、あんなに短い期間で、ことばをほぼ完全に習得できるのです。

人間の耳は、必要な声、音を、ほかの雑音からえらび出して、聴く能力がそなわっています。その上、集中すれば、いっそうことばはよくわかるようになります。

この集中力をどうしてつけるのか。こどもに大人のいうことをしっかりとらえさせるくせをつけることで可能になります。

わき目もふらず、というのは目の集中のことですが、うわの空でなく、耳に神経を集中させるのをいいあらわす適当なことばがありません。せいぜい〝耳をすます〟〝耳をかたむける〟くらいです。それだけ、耳のはたらきがないがしろにされていたことになります。

大事なことにはじっときき入るアテンションする習慣は早くつければつけるほど、その子の知能が高まると思われます。

実際問題として、いまの大人で、耳の集中力をつけるしつけ、教育を受けているのは例外的でしょう。うわの空できいたり、きく一方でほかのことを考えたり、勝手なおしゃべりを平気でします。

そういう人が、親となり、先生になって、こどもの耳の集中、記憶力をつけようとするのですから、なかなかたいへんなことです。

先生である大人がまず、よくきく、アテンションの訓練を受けなくてはいけないところですが、忙しい生活をしている親たちに、そんなことをしているヒマはないでしょう。

先生のできないことを、こどもにはしてもらわなくてはなりません。現代の子育てにおいての最大の問題がここにあります。

小学校の先生は、目の理解力を高めることを唯一の目標のようにしていますから、耳の集中力の弱いこどもが入学してくれば、それはそのままにして、目の勉強をはじめるほかはありません。

一生の間、これがどれほどの知的能力にとって大きな損失になるか、真剣に考える人がいないのは残念です。

これからの時代に生きていくこどもたちには、なんとしても、目の教育に先行して、耳の教育が必要であることを大人たちがよく承知していることがきわめて大切です。

改めて申します。目先の学力などとは比べものにならない大きな知的能力を、こどもたちは、アテンション、つまり集中して話をきけるということによって身につけることができるのです。

アテンション！
―耳に〝全心〟を集中する―

アテンションが、「よくおききください」ということであるのは、すでにお話ししたとおりです。

注意して聴くのもアテンションですが、耳のしつけがはっきりしていない、われわれの家庭では、どうすれば、〝注意〟することになるのかわからないのが普通です。

よく注意して聴くというのは、外のことはわきにおいて、耳に専念して、よくきくということです。耳に全心を集中するのです。

当然のことですが、きいている間に、口などきいてはいけません。

人の話をきいている最中に、口をはさむのを、日本ではこれまでさほどいけないとは思いませんでした。大人同士が話をしているときに、こどもがよけいなことをいうと、よその人は、「おりこうね」などとお世辞をいったりします。

余計なことをしゃべる悪いくせは、学校へ行っても改まるわけがありません。先生の話に、アテンションを向けなくてはならないことも知らずに、となりの子とおしゃべりをします。

これが、わが国の教育の効率をどれくらい悪くしているかわかりません。園児や小学生だけではなく、大学生までも、私語が絶えません。授業中の私語のない学校があれば、たいへん珍しいというのが実情です。

それでは学力が上がらないはずです。自身、授業中におしゃべりをしていた親が育てる子ですから、静かにきけなくて当然かもしれません。

かりに親はアテンションができなくても、こどもには、アテンションのしつけをしてやらなくては、りっぱな子育てをしたとはいえないでしょう。こどもにとって一生にかかわる問題です。

つまり、話はダマって耳をかたむけるのがアテンションなのです。そのとき口はじゃまです。しっかり閉じていないといけません。

ものを食べながら、人の話をきくというのも、よろしくありません。アテンションのマナーが未熟な、わが国では、会食のときに、まだ食事の最中に、平気でテーブルスピーチを始めたりします。きく人は食べるのに忙しければ、なにをきいても、うわの空になるでしょう。アテンションすれば、ものなど食べていられません。テーブルスピーチを考えた欧米では、食後、デザートコースに入るのを待って、スピーチを始めます。

耳と口とは、仲よくありませんが、目もまたしばしばアテンションのじゃまになります。

話をききながら、キョロキョロあたりを見廻す人がありますが、これでは耳に入るのは、音でしかなくなってしまいます。

耳はそばだてできくのです。目を泳がせておくのは、耳をそばだてることになりません。ウロチョロしないように、目は話し手の顔、目、口もとに固定します。じっと相手を見つめてききます。こどもが教室で先生の話をきくとき、じっと先生の顔を見つめていると、やがて、見れども見えない状態になります。声だけが耳に入ってくるようになれば、耳をすましてきいたことになります。われを忘れてきき入るということにもなります。こうしてきいたことは心に刻みこまれて、いつまでも忘れることがありません。

テレビに対してはアテンションができないのは、映像が目まぐるしく動き、目はそれを追うのに忙しく、ことばの声などはバック・グランド・ミュージックのようになります。

テレビのおかげで、もともとアテンション能力が育っていなかった日本人はいよいよ、ザル耳になってしまったように思われます。ザルにはいくら水をそそいでも、すこしも水がたまりません。同じように、ザル耳はいくら多くのことをきいても、あと、何も残りません。

近年、若いお母さんたちの間で、流行している〝読みきかせ〟も、アテンションの耳をはぐくむのにはあまり役に立ちません。お母さんが本を見ており、こどもは目を泳がしてきいていることができるからです。よく聴くには、話している人と向き合って、その顔を見つめている必要があります。おとぎ話をするときには互いに向き合って、顔を見つめることができます。

耳をよくはたらかせるためには、目の出る幕はありません。なまじ、いろいろなものが目に入れば、それだけ耳がお留守になるおそれが大きいのです。

いっそのこと、目の見るもののないくらがりできく方が、アテンションになりやすいのです。かつての親が、幼い子に、くらい寝所で、おとぎ話、昔話をしてやっていたのは、耳のはたらきにとっては絶好の場だったことになります。

これはさきにもお話ししたことですが、ドイツの幼稚園で、お話をするときによくきけるように、というので、部屋のまわりに暗幕をたれて部屋をくらくしてきかせたところがあります。幼稚園ですから、まっ暗というわけにはいきませんので、一本のローソクをともしました。こどもはそのローソクの光に気をとられて、おちついて話がきけず、失敗した、というのです。

目の見えない人は、たいてい、常人よりはるかにすぐれた聴力、きき分ける力、耳の記憶力をもっていますが、ひとつには、目のじゃまがないからだといえるかもしれません。

アテンションするには、思い切って、目をつむるという方法があります。集中力を高めるには、ほかの器官のはたらきを、抑制しなくてはならないというのは、何とも因果なことですが、人間はそういうように生まれついているのですからしかたがありません。とにかくアテンションができるようになりましょう。

アテンション・プリーズ！

あとがき

「日本人は目で考える」――これはブルーノ・タウトのいった有名なことばですが、ひっくり返してみると、日本人は耳では考えない、ということになります。実際、日本人は考える耳が弱いようです。

昔から、文字をありがたがる代りに、話をきくのをおろそかにしてきました。大事なことをしっかり聴きとることのできない人間が多いのですが、お互い、そのことにほとんど気付いていません。目の人ばかりで、耳の人がすくないのです。

生まれたときから、耳が弱いなどということはありません。聴くことをいい加減にしている大人に育てられて、そうなるのです。親が、考えを改めて、耳を大事にするようにしないかぎり、いつまでたっても変わらないでしょう。

これまでは、目のことばの方が、耳のことばより高級であるように思い込んできました。しかし、これは誤りです。まず、耳のことばをしっかり身につけたあとで、目のことばを覚えます。幼児期は耳のことばのしつけに集中すべきです。

これからの新しい子育ては、この耳のことばを先行させ、話を聴く力をいかにして育てるかに重点をおかなくてはいけないでしょう。間違っても、文字を早く教えれば、頭がよくなる、などと考えないことです。よく聴くことができれば、それだけで、知能はどんどん伸びます。

とにかく、こどもの耳をよくすることですが、どうしたらよいのか、わからないという方もすくなくないと思われます。

この本は、きき分けのよい、頭のよい子を育てるため、耳のことばは、どのように教えていけばよいのか、具体的、実際的に説明いたしました。

耳のよい子を育てるには、これくらいのことは心得ておいていただきたいと思います。ほかならぬ、わが子のためです。

聡明な子を育てるためには、

アテンション・プリーズ！

二〇〇五年十月

外山滋比古

外山滋比古（とやま・しげひこ）　英文学者、評論家、文学博士。1923年愛知県生まれ。東京文理科大学英文科卒業後、雑誌『英語青年』編集長を務める。お茶の水女子大学教授（うち5年間、お茶の水女子大学付属幼稚園長を兼ねる）、昭和女子大学教授などを歴任。専門の英文学をはじめ、言語学、修辞学、教育論などの広範な研究と評論活動をつづけるとともに、幼児やこどもに対することばによる情操教育、知育の大切さを長年提言してきた。『わが子に伝える「絶対語感」』『日本の文章』『日本語の論理』『ユーモアのレッスン』『思考の整理学』ほか多数の著書がある。

アテンション・プリーズ！
――賢い子を育てる「耳ことば」――

二〇〇五年十一月二十日　発行

著　者　外山滋比古
装　丁　山本ミノ
発行者　宮島正洋
発行所　株式会社アートデイズ
〒160―0008　東京都新宿区三栄町17 四谷和田ビル
電　話（〇三）三三五三―二二九八
FAX（〇三）三三五三―五八八七
http://www.artdays.co.jp
印刷所　中央精版印刷株式会社